中国政府与政治研究系列

居住隔离现象的生成机制及其社会影响研究

赵聚军 ◎ 著

天津出版传媒集团

天津人民出版社

图书在版编目（CIP）数据

居住隔离现象的生成机制及其社会影响研究 / 赵聚军著. -- 天津 ：天津人民出版社，2025. 2. --（中国政府与政治研究系列）. -- ISBN 978-7-201-20922-7

Ⅰ. C913.31

中国国家版本馆 CIP 数据核字第 2024LF2766 号

居住隔离现象的生成机制及其社会影响研究

JUZHU GELI XIANXIANG DE SHENGCHENG JIZHI JIQI SHEHUI YINGXIANG YANJIU

出　　版	天津人民出版社
出 版 人	刘锦泉
地　　址	天津市和平区西康路35号康岳大厦
邮政编码	300051
邮购电话	（022）23332469
电子信箱	reader@tjrmcbs.com
责任编辑	郭雨莹
装帧设计	明轩文化·李晶晶
印　　刷	天津新华印务有限公司
经　　销	新华书店
开　　本	710毫米×1000毫米　1/16
印　　张	12.75
插　　页	2
字　　数	160千字
版次印次	2025年2月第1版　2025年2月第1次印刷
定　　价	58.00元

总　序

朱光磊

　　呈现在读者面前的"中国政府与政治研究系列"，是我们教研团从事中国政府与政治研究的一些心得、一些阶段性研究成果。

　　中国正经历着历史上最大规模的制度创新。如何在这样一个历经坎坷、内部差异比较大的大国，通过改革来实现根本性的社会变革，是一个世界级的难题。从某种意义上讲，这也是对人类社会发展新道路的积极探索。政治发展，是这一全面发展、进步中的最基本方面之一。留给中国的机遇并不多，中国必须不断前进，在求解难题中寻求突破，不能再有"闪失"。抓住历史机遇期，实现民族复兴的伟大理想，需要高超的政治智慧、开阔的视野、坚韧不拔的进取精神和高超的策略性行动，但更为重要的是要有一个合理的政治统治和管理模式。

　　100年来、60年来，特别是30年来，一代代仁人志士的艰苦探索，包括成功，也包括失败，已经为中国未来的政治发展提供了坚实的实践和思想平台。但是，国内外社会发展格局的剧变，也对我们所期待的那个"合理的政治统治和管理模式"提出了更高的要求。如何在唯物史观的指导下，本着"实践是检验真理的唯一标准"的原则，将马克思主义国家学说、现代西方政治思想中适宜"为我所用"的部分和中国传统政治文化中的积极成分有机地结合起来，逐步凝练出一个适应时代的现代社会生产方式和社会进步潮流,符合中国实际情况、符合中国大多数人民利益和具有中华文明特点的政治思想,是中国政治学界的任务。完成这一历史使命,首先要做的基础性工作,就是科学地分析中国的国情、社情、民情和政情,分析实现中国政治发展所必需的主观条件和客观条件。

正是基于以上认识,从 1990 年前后,我开始在中国政府过程与阶层分化两个方向上进行持续、系统的研究工作。20 世纪 90 年代中期,我与一部分从事政治学理论、区域政治、农村政治等研究方向的年轻同事组成了非正式的研究小组。2001 年,开始形成团队。团队成员是南开大学政治学、行政学方面的部分年轻教师和我的博士生、硕士生(包括已经毕业的)。除以上成员外,还有部分成员在厦门大学、西南政法大学、云南大学、内蒙古大学等单位从事教学、科研工作。

成功的科学研究,其工作的重要基础是善于选择关键性的研究课题。一个成熟的、有作为的学科,总是能够发现和驾驭自己所处时代、所处社会中的最有代表性、最需要人们去回答的话题。经过多年的读书、学习、积累和体会,我认为,21 世纪初中国政治发展有四个方面的课题特别重要和紧迫。[①]

第一,要强化对一系列重要结构性问题的研究。持续的体制改革和产业调整,必然带来社会成员结构的变化。这些变化构成了中国政治发展的社会基础。"二元社会结构"正在趋于解体,工人阶级一体化和农民阶级分化的过程在继续,"新阶层"已经出现,城市化提速在即。今后,在社会成员构成的分化和重组、收入方式和差距等方面还会继续向着多样化的方向演进。这些发生在社会生活基本层面上的变化,无疑会对整个上层建筑产生巨大影响。对

[①] 这一部分是在我的《着力研究实践提出的新课题》一文(《人民日报》,2004 年 12 月 21 日)的基础上扩展而成的。

这个问题的科学认识,是正确提炼时代政治生活主题的基础。毛泽东对 20 世纪前期政治生活主题的正确把握,就是以他对"中国社会各阶级的分析"为基础的。在 21 世纪初,我们对各种重要政治问题和意识形态问题的把握和处理,同样需要以深入研究各阶级阶层的实际状况及其相互关系为基础。正在进行中的社会阶层分化与组合,是一场"从身份到契约"的进步性社会运动,但是也必然伴生一些"副产品",比如某些掌握权力、金钱和知识的人,就有可能通过形成所谓的"强势集团"攫取非法利益,可能出现有的阶层的人试图利用自己的经济优势获取非正常的政治地位、政治权力,甚至搞"金钱政治"。面对这些问题,我们并没有经验,都需要政治学理论工作者给予理论支持。

第二,要强化对一系列重要的体制性问题的研究。中国的政治体制改革不是另搞一套,而是要正确调整国家各主要政治要素之间的关系,特别是"党政关系",使制度、体制和组织能够最大限度地满足提高工作效率、加快经济发展和扩大公共服务的需要,最大限度地调动各方面的积极性。在这方面,核心是坚持和改善党的领导,是把党的执政工作、人民当家作主、依法治国与"行政主导"等基本因素,以适当的体制和方式结合起来。这是中国政治发展的内在逻辑所决定的,也是进一步加强执政能力建设,积极而稳健地推进政治体制改革和建设社会主义民主和法制的基础。政治学界要重点研究如何处理领导与执政的关系,研究如何进一步完善"两会机制",研究实现"党政关系规范化"的具体途径,研究宪法监督的实现形式等一系列关键性问题,并通过把对这些问题的探讨逐步上升到基本理论的高度,提高中国政治学的学科层次和学术魅力,以及对干部、青年学生的吸引力。

第三,要强化对一系列重要的过程性或者说功能性问题的研究。政治发展不仅包括体制改革,而且应当包括政治过程的改善。相对于体制改革,我们对政治过程的问题以往关注得更少一点。这与我国政治学长期不发达有直接关系。比如,在美国,系统地研究政府过程的问题,从 1908 年就开始了。从民族特点来说,中国人不缺"大气"、勤劳、勇敢、灵活,但是应当承认,我们办事情不够精细,对过程设计、情报、档案、绩效评估、分工、应急管理等政治与公共管理环节,缺乏足够的注意,历史上积累下来的东西不多,需要"补课"。在经济发展达到一定水平以后,政治与政府管理流程设计安排粗放的问题就会逐步暴露出来,从而制约社会管理和社会服务水平的提高。例如,我国人口多,地方大,政府的纵向间层次不可能太少,对于怎么处理它们之间的关系,研究得就不够,多年困扰我们的以"条块矛盾"为代表的许多深层次问题一直没有得到解决,"每一级都管所有的事情",权力的交叉点过多,责任不清。以何种机制来处理必要的中央集权与适当的行政性分权、政治性分权、地方自治的关系的研究应当提上日程。对这些课题的研究,已超出了通常所说"中央与地方的关系"的范畴,超出了初期体制改革和传统政治学的范围,需要通过施政创新和理论创新来推动,需要开发和建设一批新的政治学分支学科和交叉学科。

第四,要强化对一系列重要的过渡性问题的研究。中国如果不经历改革开放,现在的许多问题,就不存在;中国如果不继续深化改革和扩大开放,这些问题也就解决不了。前面谈到的结构性问题和体制性问题,实际多数也同时是过渡性的问题。现在,三个时间起点不同的"过渡"都在 21 世纪的前 20 年进入了"总结期":从 1840 年开始的由"传统社会"向"现代社会"的过渡,从 1921 年开始的对社会主义事业的探索所引发的向中国特色社会主义的过渡,从 1978 年开始的由计划经济体制向市场经济体制的过渡。然而复杂的是,这个历史过渡的"总结期",同时也恰好是中国历史上难得的"战略机遇期"。面对这些重要而复杂的课题,当代中国的政治学,应当成为"过渡政治学""发展政治学",并且在研究这些过渡性问题和发展中问题的过程中,使学科成熟和壮大起来。

每个国家都有自己的问题。在社会转型和政治发展中，不断冒出来问题是正常的。对复杂的政治现象，不能采取简单化的态度和思维方式。不要抓住一点，不及其余；不能让错觉和偏见妨碍了对政治变革的认识；不要动辄就把问题产生的原因归结为体制，也不能笼统和大而化之地批评"政治改革滞后"。其实，很多问题往往出在运作过程和运行机制上。任何实际运行中的政府，都不仅是一种体制，一个体系，更是一个过程。因此，关于政府与政治问题的研究，除了坚持传统的体制研究和要素分析的研究方法外，还需要走向一个重要的领域——过程研究。1997年，在拙著《当代中国政府过程》中，我首次将"政治过程"研究方法应用于分析中国政府活动，力图将对中国政府的研究从"体制"层面较为系统地提高到"过程"层面。

在研究中，我们这个以"政府过程研究"为核心的学术团队，形成了一些对于中国政府与政治研究有特色的理论共识和思维方式。我们把研究重点放在中国政府与政治实际运作情况和工作程序上，旨在从动态的角度考察和研究当代中国政府是如何治理的，在此基础上试图探讨其中的规律性。

中国政府与政治的研究必须能够回应"中国问题"。中国渐进地推进改革，在运作政府等方面，确有自己一套独创性的东西，有自己的发展逻辑，需要系统地挖掘；面对中国社会的急剧变化和快速转型，以及随之而来的新问题、新现象和新矛盾，更要提出自己的解释和指导方案，不能仅仅用欧美的语言系统和评价标准解释中国政治。来源于西方的理论能够启发我们的思维，但不能简单借用在西方经验基础上形成的理论来解释和指导中国的政治发展。中国应该有基于自己实际成长起来的具有中国风格、中国气派的政治学，需要创造和使用自己的核心概念、基本范畴、理论体系和分析框架的学科。中国到了以理论回馈时代的时候了。

居住隔离现象的生成机制及其社会影响研究

在上述思维方式和学术追求的基础上，我对自己及研究团队的定位和要求是：从中国政府与政治运作的实际和经验中提炼有价值的问题和概念，了解现实制度安排和政治现象背后的主要制约因素，进而去揭示中国政治的内在机制，形成自己的理论体系。在研究中尽可能秉持一种平和的心态和建设性的态度，理性而务实地探讨问题，对重大问题进行具体研究。我们的能力有限，这一目标或许很难实现，但我们一直在努力。"当代中国政府与政治研究系列"，就是我们向这个方向努力的一个个阶段性产物。

在研究工作中，我们注意发挥团队力量。团队成员之间有分工、有合作，相互配合、相互支持。在中国政府与政治这个大课题下，该系列的每本书都有特定的研究主题和所要回答的基本问题，有自己的"一家之言"。比如，《当代中国政府过程》对中国政府的行为、运作、程序及各构成要素，特别是各社会利益群体之间，以及它们与政府之间的交互关系进行实证性的分析、研究。《当代中国政府间纵向关系研究》以"职责同构"为理论研究的切入点，通过比较研究和历史研究，对当代中国政府间纵向关系发展作了较为深入的分析。在《"以社会制约权力"——民主的一种解析视角》一书中，提出了"以社会制约权力"条件下的民主模式，即参与—治理型民主。该书将"以社会制约权力"与"以权力制约权力""以权利制约权力"联系起来，共同构成一个权力制约理论体系。《当代中国县政改革研究》力图从财政的角度破解县的"长寿密码"。《当代中国政府"条块关系"研究》一书，在对中国政府"条块关系"问题进行较为全面和系统研究的基础上，着重探讨了职责同构的政府管理模式在中国长期存在的原因。该书提出的"轴心辐射模式"的理论分析框架有较强的解释力。

令我感到高兴的是，我们的工作得到了学术界的鼓励和认可。《当代中国政府过程》出版后，承蒙各界关爱，被许多国家和地区的多家大学用作研究生或本科生的教学参考书,多次被国内外的学者和博士论文所引用。早在 1999 年,《当代中国政府过程》的第一版,就获得了天津市社会科学优秀成果一等奖。2003 年,经台湾大学社会科学院李炳南教授推荐,该书的姐妹篇——《中国政府与政治》在中国台湾出版。[①] 2005 年我主讲的"当代中国政府与政治"被评为国家级精品课程,而《当代中国政府过程》就是该课程的教材。1998 年以来,我和团队成员已经有十余篇论文相继被《新华文摘》转载或摘登,涉及中国阶层分化、当代中国政治的主题、中国公务员规模、中国政治学发展战略、中国纵向间政府关系、服务型政府建设、中国"条块关系"、大部门体制等多个领域。这给了我们很大的信心,也给予了我们前进的动力。

　　这是一个开放的学术著作系列,成熟一本,推出一本。随着研究的逐渐深化,还会在服务型政府建设、城市管理、"两会"机制、政府机构改革与编制管理、行政区划改革等领域,不断有新的作品加入系列中来。

　　改版之际,我们衷心感谢各位前辈、同人对团队工作的宝贵帮助和支持!作为团队负责人,感谢我的伙伴们! 我深知,在我们之间的合作中,我是最大的受益者。感谢天津人民出版社对我们工作的关注和支持,感谢出版社各个工作环节上的朋友们的合作,特别要感谢盛家林、刘晓津、张献忠、王康、唐静等老师创造性的工作! 真诚欢迎读者的批评与指正!

2008 年 7 月 28 日

---

① 朱光磊:《中国政府与政治》,台湾扬智公司出版,2003 年。

目　录

第一章
绪论：对居住隔离现象的政治社会学解读

第一节　研究背景与意义

一、研究背景

　　"城乡关系的面貌一改变，整个社会的面貌也跟着改变。"[①]从一定程度上说，不断推进的城镇化既是人类文明进步的主要表现，也是解决人类社会发展问题的关键战略。与此同时，与地广人稀的农村地区相比较，快速推进的城镇化进程也可能是诱发各类社会问题的重要根源。人类社会发展的实践已经证明，城市作为人口和各种资源的高度聚集区，伴随着大量的公共事务被挤压到相对狭小的空间内，城市极易成为各种社会矛盾的交汇地、社会冲突的发生地和社会公共危机的发源地。

　　改革开放以来，我国的城镇化进程明显加快，从而拉开了人类社会有史

---

　　① 《马克思恩格斯全集》（第4卷），人民出版社，1995年，第159页。

居住隔离现象的生成机制及其社会影响研究

以来国家层面规模最为庞大的城镇化进程。改革开放以来,我国的城镇化率以每年超过 1 个百分点的速度推进。反映在城乡人口分布方面,城镇常住人口占全国总人口的比重由 1978 年的 17.92%,增加到了 2017 年的 58.52%,每年的增长率超过了 1 个百分点;人口规模方面,城镇常住人口总量则由 1978 年的 17245 万人,增加到了 2017 年的 81347 万人,平均每年增加 1600 多万人。

从人类社会,尤其是典型国家城镇化发展进程的经验来看,与城镇化进程中的劳动、产业分工相伴而行的通常是社会结构的重组。而社会结构重组反映的居住空间层面,则通常表现为城市居住空间的分化,即不同收入水平和职业的城市居民逐渐开始向不同类型的居住社区聚集。因此,从一定程度上可以说,城市居民在居住空间层面的分化,属于市场经济体制下社会阶层结构分化重组的空间映射,其带有一定的必然性,属于正常的社会现象。改革开放以来,尤其是 1994 年"房改"后,中国城市尤其是大中城市的居住空间分化也是伴随着城镇化发展的不可避免的自然过程。

虽然适度的居住空间分异是城市化发展的正常现象,但是如若放任其发展就便会朝着"固化"和"极化"的方向演化,进而脱离良性发展的轨道,演变为恶性居住空间分异,甚至是居住隔离。关于居住隔离的界定,目前认可度较高的是爱斯兰德(John Iceland)和威尔克斯(Rima Wilkes)的界定,即将不同的社会群体由于收入、职业、受教育程度、生活习惯、种族、宗教等方面存在的差异,从而逐渐地以群体为单位,开始向不同层次的社区聚集,进而产生群体间的隔离,甚至由此产生歧视和敌对的态度。[①]也就是说,居住隔离现象在空间层面的直观反映,就是不同类型的同质性群体,最终居住在不同类型的社

---

① John Iceland and Rima Wilkes, "Does socioeconomic status matter? Race, class, and residential segregation", *Social Problems*, 2006(2):248-273.

区,完全不同于各个社会群岛本镶嵌杂居的居住格局。需要注意的是,这里所说的社区是广义层次上的,指的是特定同质化群体的居住空间,而不是我国当下意义上的"社区"。具体而言,其涉及的空间范围可大可小;可能仅仅是某个住宅小区,也可能是诸如族裔聚集区等大范围的居住区域。

当然,不同社会群体之间的居住空间分异并不意味着相互之间的联系和交往被割断。而且居住空间分异在某些情况下还与群体亚文化等非歧视性因素直接相关,所以"分化"不一定会产生"隔离"。比如,在一些混合型的社区,通常也会存在居住空间分异现象,但这种"分异"并没有带来居住区域层面的隔离。实际情况是,只有在社会结构"极化"或"两极分化"十分严重的时候才会产生居住区的"隔离"现象,或者说居住区的"极化"现象是居住区"分异"的一种极端形态,其基本的反映是社会经济结构的不平等性,以及制度性因素的作用。对于人类社会来讲,很难存在"隔离且平等"的状态。①

总体来看,居住隔离现象本质上是社会结构极化的空间响应,是社会结构变迁在空间上的映射。但从部分国家的实践来看,居住隔离现象在一些情况下也带有一定的主观强制色彩:在一些种族冲突比较严重的国家,不同族群之间的居住空间分异乃至隔离,很多情况下是借助于带有一定强制性的手段或方式,把某些特定族群的居住社区限定在特定的区域,甚至通过设置各种障碍的方式阻止不同族群之间的接触与互动,最终达到相互隔离的目的。例如,作为居住隔离现象的典型代表——曾经长期在南非存在的臭名昭著的"种族隔离"制度,在居住空间层面的反映,就是白人与黑人之间被人为划定的、严格限制的居住空间隔离。

---

① 赵聚军:《社会稳定的增压阀:对居住隔离现象的政治社会学解读》,《江海学刊》,2013 年第 5 期。

二、研究意义

从主要西方国家城镇化的历程来看,作为一种常见的"城市病",由于居住隔离现象已成为社会阶层和群体之间良性交流和互动的严重障碍,放大了因贫富、种族、民族、地域、职业、宗教等因素诱发的群体性对立情绪,因此一直被视为严重威胁西方国家社会稳定的因素。在美国,居住隔离的产生和发展被认为是种族隔离在空间居住层面的映射,黑人和拉美裔人口聚居形成的隔都区(Ghetto)已经成为贫困的代名词。然而贫困并非一个孤立的因素,随之而来的是暴力犯罪、高比率单亲家庭等社会问题,因此这些社区常常被冠以"危险区"的称谓。例如,在 2014 年由"弗格森案"引发的大规模骚乱中,波士顿、纽约、洛杉矶、奥克兰等黑人相对集中的城市理所当然地成为骚乱和打砸抢劫事件的主要策源地和重灾区。在法国,2005 年爆发的波及法国全境的大规模骚乱事件中,其策源地和重灾区"恰巧"也是位于巴黎市郊的中东、北非移民聚居区和公共住房聚集区等"敏感街区"。在英国,2011 年伦敦爆发的大规模骚乱中,情绪反应最为强烈的托特纳姆和布里克斯顿恰好也是外来移民集中、失业率高的地区。[①]

改革开放以来,随着市场经济的发展所引发的社会结构分化与重组,我国城市,尤其是大中城市原有的以"单位大院"为主导的各阶层高度混杂的居住格局逐渐被"异质化"的居住结构所取代。特别是伴随着住房制度的市场化改革,在"房价"的过滤作用下,各个收入差距明显的社会阶层和群体在居住模式和居住区位上形成了明显的分化,开始有规律地聚集于城市的不同区位,居住空间分异格局基本形成,居住隔离局面也开始初步萌发:为了满足部

---

① 参见赵聚军、安园园:《广州黑人聚居区的形成与族裔居住隔离现象的萌发》,《行政论坛》,2017 年第 3 期。

分高收入群体改善居住条件的需求,在城市的中心地段以及其他交通、基础设施较好的地段,开始集中出现大批的高档住宅项目,并逐步演变为所谓的"富人区";在城市中心区域的周边区域,大批新型商品房不断涌现,开始成为所谓的"中产阶级社区";很多老旧住宅社区虽然地处城市较为中心的地段,但由于普遍存在生活设施较为落后陈旧、居住环境较差等缺陷,因此逐步成为城市中低收入群体的聚集区;在城乡接合部区域大量存在"村改居"社区,则成为外来务工人员等中低收入群体重要的聚集区;在房价持续走高的情况下,为了满足城市广大中低收入群体的住房需求,政府加大了公租房、廉租房、经济适用房、限价商品房、共有产权住房等保障性住房的建设和供给力度,但保障房的大量出现在较大程度上缓解了中低收入群体购房压力的同时,由于相关住宅项目的选址往往因为地方政府出于经济利益的考虑而位于城市的边缘区域,交通等基础设施水平较差,从而加剧了居住空间的分异与隔离;在一些少数民族较为集中的城市,民族之间的居住分异由来已久,且显露出固化的态势;而在诸如广州等一些境外人员较为集中的城市,外籍居民,尤其是非洲裔居民与本地居民之间也开始形成了明显的居住分异。

随着中国城市居住空间分异格局的初步形成和居住隔离现象的萌发,相应的弊病也开始显露:首先,上述居住格局无疑是将已经比较突出的贫富差距问题从空间层面放大乃至固化了,不利于构建良性的社会结构和社会融合。其次,居住分异局面的固化已经成为外来务工人员等城市新移民社会融入的巨大屏障;再次,由于外来务工人员聚集的城乡接合部区域基础公共服务供给水平较低,且基层政府的管理能力普遍有待提升,既不利于外来务工人员与本地居民的互动与融合,也成为"村改居"社区居民融入城市生活的屏障;第四,在广州等部分沿海发达城市,由于大规模非洲裔等境外移民的大量迁入并在城市的特定区域聚集,导致族裔居住分异乃至隔离现象开始出现,并由此引发了一系列的社会问题。

综上,从西方国家的经验教训来看,在居住空间分异格局全面固化之前,便需要进行必要的疏导治理,否则有可能最终走向居住隔离,并对社会融合与和谐产生非常不利的影响,甚至成为社会稳定的严重潜在威胁。在这种背景下,全面加强相关研究工作,对于维护政治和社会生活稳定、和谐,健康推进新型城市化进程,无疑具有重大的现实意义。

第二节 相关概念、理论与文献

一、相关概念界定

(一)居住隔离

对于居住隔离(Residential Segregation)的定义,不同领域的学者从各自不同的角度作出了自己的阐述,比如城市规划研究者对于居住隔离的定义是"居住空间分异是指不同职业背景、文化取向、收入状况的居民在住房选择上趋于同类相聚,居住空间分布趋于相对集中、相对独立、相对分化的现象"[1]。

本章则更倾向于爱斯兰德(John Iceland)和威尔克斯(Rima Wilkes)给出的界定,即将居住隔离界定为不同的社会群体由于收入、职业、受教育程度、生活习惯、种族、宗教等方面存在的差异,从而逐渐地以群体为单位,开始向不同层次的社区聚集,进而产生群体间的隔离,甚至由此产生歧视和敌对的态度。[2]爱斯兰德和威尔克斯的界定有利于从政治社会学等社会科学的角度

---

[1] 侯敏、张丽:《北京市居住空间分异研究》,《城市》,2005 年第 3 期。

[2] See John Iceland and Rima Wilkes, "Does socioeconomic status matter? Race, class, and residential segregation", *Social Problems*, 2006(2):248–273.

对居住隔离现象进行分析解读。分离出了居住隔离主体身份、经济地位和思想上的差别。同时我们可以发现,无论是从哪个角度对居住隔离进行理解都离不开分异的对象、原因和结果。

这里需要说明的是,"居住隔离"与"居住空间分异"在其语义、研究内容等方面各有侧重,前者更为集中的反映城市居住空间的社会经济特征及物质空间状态,后者则更为强调社会阶层、社会距离的变化这一过程。居住空间分异包含居住隔离,也可以说是居住隔离的上一阶段。

(二)社会分层

关于社会分层(Social Stratification),系统的社会分层理论最重要的两位学者就是卡尔·马克思和马克斯·韦伯,他们提出了社会分层研究最基本的理论模式和研究框架——目前一阶级理论和多元社会分层理论。关于社会分层,国内学术界比较普遍的看法是:是社会资源在社会中的不"社会分层的实质,均等分配,即不同的社会群体或社会地位不平等的人占有那些在社会中有价值的事物,例如财富、收入、声望、教育机会等。"[1]社会分层会受政治、经济等因素的影响。改革开放之前,我国的社会分层主要是受政治影响的分层,更多的是阶级的划分;改革开放之后,随着经济的发展,各类新兴阶层的出现,政治分层已经不能满足于社会发展,社会阶层更多是在经济因素的影响下形成的。

(三)邻里效应

简单来说,邻里效应(Neighborhood Effect)就是指"居民区的特征对于本社区居民态度、行为的影响"[2]。关于邻里效应的研究也是起源于欧美国家,最早是由威尔逊(William J.Wilson)在其《真正的穷人》(*The Truly Disadvantaged*)

---

① 李路路:《论社会分层研究》,《社会学研究》,1999 年第 1 期。

② 罗力群:《对欧美学者关于邻里效应研究的述评》,《社会》,2007 年第 4 期。

中提出的,后又有学者针对邻里效应按不同的划分模式将邻里效应的作用机制划分为两种、四种和六种等。例如,将邻里效应作用机制划分为两种的则包括了社会化机制(社区的整体环境通过各类渠道对个体产生的影响)和工具机制(个体行为如何受到社区整体的硬性限制);将邻里效应作用机制识别为社会联系与互动、社会规范与集体功效、机构资源、日常活动四种;还有将邻里效应作用机制识别为六种,包括社区服务质量、成人对儿童社会化的影响、同龄人的影响、社会网络、与暴力和犯罪的接触与经济机会及公共资源的物理距离等。这些识别方式看似不同,其本质内容却没有太大的区别,主要强调的都是社区内个体社会化过程中的相互影响以及个体所能够获取公共资源的数量对个体生存发展的影响。

(四)城市化

城市化也被称为城镇化,本书不对其做具体的区分。本书之所以在研究居住隔离问题的同时关注城市化(Urbanization)问题,是因为居住隔离是由城市化的发展所带来的"城市病",同时城市化过快的发展,造成两极分化在空间上形成分异,而基础设施建设和社会公共服务不能适应城市扩张、城市化发展的速度,进而推动了居住隔离进一步加剧。城市化最为直观的反映就是原来居住于乡村地区的人口由于就业、改善居住生活质量等原因,开始向城市及其周边区域聚集的过程。与人口城市化相伴而行的通常是产业结构和居住结构的城市化过程,即城市化进程既体现为农业人口转化为非农业人口,也表现为大量的农业劳动力转移到第二、第三产业,部分原来的农村区域转变为城市,传统的乡村生活习惯和价值观被城市主导的生活观和价值观所取代。

(五)社区结构异质性

"异质性"是源于生物学的一个概念,是指特定生物群体中的各类物种的分布情况，一个生活群落中物种的分布密度越是均匀，则表明其异质性越强，反之则同质性越强。在"异质性"概念被引入社会科学研究后，其基本内涵大体与多元性一致。考虑到社区的基本要素主要包括一定量的人群、一定的地域、相应的生活服务设施和一定的组织形式，因此影响社区结构异质性的因素必然包含在社区的人口结构、空间结构和相应的组织结构之中。其中，学界从异质性角度研究社区空间结构时，一般集中于两个方面：一是社区物理空间，另一个是社区的社会空间。例如，蔡禾指出，城市空间扩张和空间重构的过程使得居民分散在不同社区，必然面临着社会整合的问题。①

应该说，无论是人口结构、空间结构，还是组织结构，都主要是从社区异质性形成的微观基础所进行的观察归纳。也有一些学者对社区结构异质性的宏观基础进行分析，认为影响社区结构异质性形成的宏观基础囊括了政治、经济、文化及社会等多个方面的原因。在上述因素中，尤其重视城市化对社会联系的分化所造成的影响。②目前，关于社区异质性影响因素的研究主要集中于社区邻里之间的信任、交往或凝聚力等社会资本研究。例如，关于异质性与社区社会交往，狄雷、刘能研究发现，城市边缘地区的居民构成的异质性使本土居民与外来居民之间、本土居民之间的社会交往本身具有了异质性特点，即传统社区的整合机制遭到破坏，新社区整合机制还没形成，传统的邻里资本作为社会连接纽带的功能遭到削弱。③此外，社区空间利用率高、密度大时，居民联系会加强。同时，如果社区居民同质性高，可能会加强联合的强度，但

---

① 参见蔡禾：《从统治到治理：中国城市化过程中的大城市社会管理》，《公共行政评论》，2012 年第 6 期。

② See Katherine J.C.White and A.M.Guest, "Community Lost or Transformed? Urbanization and Social Ties", *City & Community*, 2003(3):239–259.

③ 参见狄雷、刘能：《异质性社区的社会交往与社区认同——北京沙村的个案研究》，《哈尔滨工业大学学报》（社会科学版），2014 年第 2 期。

空间和人口这两个因素的影响亦可能相互抵消:社区空间利用率高,人口异质性大,整个社区就不容易对某个问题产生共同的利益诉求,反之亦然。[①]Alesina 等通过研究社区居民何种异质成分影响参与和社会互动发现,收入、种族混居和民族混居与社会公共事务的参与度呈负相关的关系。[②]

二、相关理论

(一)社会空间统一体理论

简单而言,社会空间统一体理论(Socio-spatial dialectic)关注的重点是城市居民与城市的物质、社会环境之间的互动关系,并将上述关系视为城市社会地理研究的基础。[③]国内学者在 21 世纪初将社会空间统一体理论引入了城市居住空间分异的研究。例如,吴启焰等人认为:社会空间统一体理论有助于从政治经济学的宏观层面和建筑环境层面研究居住空间分异现象,因为城市的空间结构本来就源于人类的规划改造,同时城市的居住空间也构成了城市居民生活的物质和社会基础,两者之间存在着一种双向互动式的相互影响关系。[④]

(二)社会排斥理论

社会排斥理论最早是由法国学者勒内·勒努瓦(Rene Lenoir)提出,意指个体与社会整体之间的断裂。曼纽尔·卡斯特(Manuel Castell)则进一步把社

---

① 参见黄晓星:《社区运动的"社区性":对现行社区运动理论的回应与补充》,《社会学研究》,2011 年第 1 期。

② See Alberto Alesina and Eliana La Ferrara, "Preferences for redistribution in the land of opportunities", *Ssrn Electronic Journal*, 2005(5):897–931.

③ See D.Harvey, *Social Justice and the City*, Baltimore:The Johos Hopkins University Press,1973:73–306.

④ 参见吴启焰、任东明、杨荫凯等:《城市居住空间分异的理论基础与研究层次》,《人文地理》,2000 年第 3 期。

会排斥界定为:社会排斥"是由社会制度和价值架构的社会标准中,某些个人及团体被有系统地排除于能使他们自主的地位之外",社会排斥"是一个过程而非一种状态"。①在勒努瓦和卡斯特研究工作的基础上,西尔弗(Silver)和德汉(De Haan)对社会排斥进行了分类,即将其区分为团结型、特殊型和垄断型三种基本类型,以更好地区别引发社会排斥的不同社会背景和具体原因。近年来,社会排斥理论和现象也得到了国内学者的广泛关注,例如石彤结合我国的社会现实,将社会排斥界定为"某些个人、家庭或社群缺乏机会参与一些社会普遍认同的社会活动,被边缘化或隔离的系统性过程。这个过程具有多维的特点,并表现为被排斥者在经济、政治、社会、文化及心理诸方面的长期匮乏"②。

(三)过滤理论

从城市居住空间分异的视角来看,"过滤是以高收入居民向外迁移为导向的一系列居住迁移和住房周转过程"③。过滤理论(Filtering Theoty)着重"从家庭的收入对居住区位选择的影响进行分析,由于城市向外扩展,最富裕的家庭迁到了市区边缘的最新住宅中,原本的住房由收入较低的家庭居住。以此类推,市中心最旧的住房就由最贫困的家庭居住,最后直到市中心的住房被拆除,成为中心商务区的一部分"④。在这一推论的基础上,形成了中心地带轮、扇形理论和多核心模式。在中国,住房产业化的发展实质上成就了房价在居住隔离形成过程中的过滤作用,空间上对不同收入等级的群体进行了分化隔离。

---

① [美]曼纽尔·卡斯特:《千年终结》,夏铸九等译,社会科学文献出版社,2003 年,第 142~189 页。

② 石彤:《社会排斥:一个研究女性劣势群体的新理论视角和分析框架》,王思斌主编《中国社会工作研究》,社会科学文献出版社,2002 年第一辑。

③ 塔娜、柴彦威:《过滤视角下的中国城市单位社区变化研究》,《人文地理》,2010 年第 5 期。

④ 杨上广:《大城市社会极化的空间相应研究》,华东师范大学博士学位论文,2005 年,第 257 页。

（四）社会聚集理论

关于社会聚集理论，艾伦·W.伊文斯（Alan W.Evans）在其所著的《城市经济学》中较早进行了比较系统的分析。伊文斯分析的主要聚焦点是影响居民住宅区位选择的非经济因素。具体来看，他将影响人们选择居住区位和社区类型的非经济因素主要分为三种类型，即拟选择住宅社区的居民构成、不同人群对于公共服务类型的差别化需求、良好的生态自然环境。①

本书的核心概念及相关理论与实际有着紧密的联系。城市化的发展将我国的社会分层由政治主导转变为经济主导，进而出现了受贫富差别、社会地位影响的不同社会阶层。这些存在着贫富差距的社会阶层有着不同的生活追求，满足自身需求的能力也有所差距②，导致了同质性较强的群体聚居行为，这成为我国居住空间分异的根本原因。同时居住隔离的形成也与客观物质条件的排斥过滤，主观居民的意愿聚集、内部社会化影响。具体来说，与城市化所不匹配的公共服务和社会保障都可能是客观物质条件对居住空间分异产生不良影响的因素。而在住房产业化背景下，城市中所居住的低收入群体则容易被房价等过滤方式，汇集于"贫民区"之中，造成城市新生的大范围的居住分异区。在居住空间分异初步形成的情况下，邻里效应得以发挥作用，在社区内部使居民行为和心态上都相互影响，形成相对一致的思想意识，形成极端固化的居住隔离。综上所述，我们不难看出居住空间分异是城市化中出现

---

① 参见杨上广：《大城市社会极化的空间相应研究》，华东师范大学博士学位论文，2005 年，第257 页。

② 这种聚居行为可以用社会空间统一体理论（Socio-spatial dialectic）加以理解，该理论认为城市地域内人地关系——人类与他们生活的物质、社会环境的关系构成研究城市社会地理的基础。我国学者吴启焰在 2000 年引入这一理论，在这一理论基础上对城市居住空间分异进行研究。他指出所谓社会空间统一体就是指人（个体与群体）与周围的环境之间的双向互动的连续过程，比如人创造、调整城市空间，同时他们生活工作的空间又是他们存在的物质、社会基础，这样人与周遭环境的相互影响、制衡便是社会空间统一。也就是说不同阶层的人会选择不同层次的空间而居。

的自然现象,是城市化所带来的阶层分化的必然产物,是城市居民和生活环境双向选择的结果,事实上无论是政府还是其他社会组织都无法有效根除这种现象,适度的居住空间分异是合理的,不过如果放任不管则很有可能进一步发酵成为影响社会稳定的隐患。

三、相关研究述评

最早国外对居住隔离的研究可追溯到恩格斯对 19 世纪英国曼彻斯特居住空间模式的研究。他在划分穷人和富人两大社会群体的基础上,将其投影到城市邝空间, 旨在揭示城市内在的贫富分化现象。[①]在其后相当长的时间里,相关研究主要是围绕居住隔离的形成机制展开的,并逐渐形成了人类生态学、都市人类学和空间经济学三个最具有代表性的理论流派。"从 20 世纪 40 年代后期开始,学者们开始对隔离指标研究。最著名的是邓肯(O.D.Duncan)制定并推广的相异指数和隔离指数。"[②]进入 20 世纪 90 年代,西方学术界主要围绕着两种对立的观点展开研究:前者认为由于技术更新和劳动力市场调节,社会分层和社会经济隔离加剧,导致西方城市的"二元城市"和社会空间分裂趋势日益严峻;后者则相对乐观,认为在社会流动与地理迁移之间不存在一一对应关系,而且政府通过实施有针对性的福利政策,能够有效缓解社会经济隔离与空间分裂。

（一）人类生态学

人类生态学理论研究(human ecology)的主要发源地是美国芝加哥大学,重要代表人物包括芝加哥学派的罗伯特·帕克(Robert Park)、欧内斯特·W.伯吉斯(Emest W.Burgess)、路易斯·沃斯(Louis Wirth)等。人类生态学理论出现

---

① 参见黄怡:《城市居住隔离及其研究进程》,《城市规划汇刊》,2004 年第 5 期。
② 莫文竞:《西方城市与我国城市居住空间隔离的研究》,《理论界》,2009 年第 7 期。

的基本社会背景是 20 世纪后期西方国家城市化的快速推进以及与之相伴出现的社会结构大分化和居住空间分异、隔离现象。人类生态学理论的一个重要特点是将生物学的相关理论，特别是植物种群的自然竞争等生物学规律，引入对城市空间结构分异的分析，将城市居住空间分异看作是城市不同社会群体自然竞争的结果。因此，城市中存在的居住空间分异和隔离现象也是一个自然选择的自发过程。

　　具体来看，以芝加哥学派为代表的相关研究者在引入生物学相关理论的基础上，分别由伯吉斯（B.W.Burgess）、霍伊特（H.Hoyt）、哈里斯（J.R.Harris）和乌尔曼（E.Ullman）在 20 世纪初至二战前归纳出了三种代表性的城市空间结构，即同心圆模式（concentric zone model）、扇形模式（sector model）和多核心模式（multiple nuclei model）。上述三种城市空间结构模式目前仍被广泛地应用于包括城市居住空间分异隔离问题在内的城市空间结构研究中。

　　二战结束后，随着城市化迈向更高的阶段，再加上对其他学科理论知识的进一步引入，从事人类生态学研究的学者们进一步认识到了相比较生物界，人类社会具有更多的主动性，并非完全是一个"自然"的过程，因此人类生态学视角下的城市空间结构模型被加入了交通、种族、经济、地位等因素，以修正完善模型本身。这其中比较有代表性的是舒诺（L.F.Schnore）结合西方国家，尤其是美国城市化的基本发展脉络，归纳出的有关城市居住空间结构的进化模型。该模型将工业化和城市化进程中城市居住空间结构的演变划分为三个主要阶段：在大规模的工业化和城市化时期到来之前，往往主要是上流社会阶层居住在城市的中心地带；到了工业化和城市化的快速发展阶段，大量的低收入群体开始涌入城市的中心地带，相应的居住格局开始呈现为上流社会与底层社会混居的局面；到了工业化和城市化的后期阶段，上流社会阶层则纷纷搬离城市中心地带，开始了城市化的"郊区化"时期，中低收入群体则被滞留在城市中心地带。此外,约翰斯顿(R.J.Johndston)在舒诺模型的基础上,进一步提出了城市居住空间模式的跨文化模型。

(二)都市人类学

都市人类学(Urban Anthropology)在出现的初期主要借鉴了社会学对于乡村和部落群体的相关成果,主要关注的是原来的农村等城市新移民进入城市以后的文化价值变化等问题。之后,都市人类学者纷纷借鉴社会学、经济学和政治学等学科的研究方法和理论,逐步将研究领域扩展到了城市居民的社会结构分化与重组、少数族群的社会融入、特定城市人群等领域,以此来解释城市化进程和大都市复杂的生活环境对不同社会群体和个体的人生及职业发展影响。

都市人类学学者对于城市居住隔离问题的探讨弥补了人类生态学的不足,芝加哥学派的学者过分强调了自然生物竞争的因素在居住隔离发展中的决定作用,而忽视了社会文化因素。事实上,文化因素在某些情况下会对城市居住空间分异和隔离局面的形成发挥决定性的影响。例如,沃尔特·费瑞(Walter Firey)通过对波士顿城市居住空间结构的研究发现,波士顿的城市中心与其他城市一样以低社会阶层居住为主,但其紧邻的"灯塔山"却是波士顿贵族社区的代表,这是由于从历史发展来看该地区一直为富庶、高贵的象征,因而这种长期流传的文化与情感促使了选择该地区居住的富人是可以忍受周遭环境较差的影响。这一现象用人类生态学很难解释,而都市人类学的观点和研究方法便可以从文化、社会、情感等角度对"异质性"社区现象做出解释。

(三)空间经济学

简单而言,空间经济学就是借助于经济学的研究方法和理论,对包括居住隔离现象在内的城市居住空间结构问题进行研究。具体来看,空间经济学

居住隔离现象的生成机制及其社会影响研究

对城市空间结构问题的研究始于土地的规划利用,认为土地作为市场经济的基础性要素,对城市空间结构的形成具有决定性的影响。比较典型的代表,就是空间经济学关于城市空间区位选择的权衡理论(Trade-off theory),认为城市的最佳区位决定于对交通费用与居住费用比较而进行的选择。

总体而言,空间经济学将新古典主义经济学的地租理论作为研究工作的主要理论基础,主要的工作是尝试建构城市居住区位选择与交通通勤成本之间的均衡模型。空间经济学研究比较有代表性的理论是阿隆索(Alonso)的需求模式。阿隆索以一系列假设为基础,主要依据古典经济学中的消费者均衡理论,建立起一个分析城市住宅选择与交通成本之间均衡模式的计量模型,进而得出如下基本结论:从城市中心到边缘,土地成本递减,由于土地价格成本是住宅费用的重要组成部分,因此住宅的价格或房租也递减,而交通成本递增,人们唯有在居住费用所导致的节省大于通勤费用增加时,才会定居下来。[①]不难看出,以阿隆索的需求模式为代表的空间经济学理论,关于城市空间结构研究的一个基本特点就是建立在一个均衡的和完全自由竞争的市场经济体制前提之下,而且基本无视文化、种族等因素的重要影响作用,使得其得出的研究结论往往过于理想化,容易与现实生活脱节。

综上,人类生态学、都市人类学、空间经济学等理论学派基于不同的学科视角,分别从自然生物、文化、经济体制等不同的角度,对居住隔离问题给予了系统的研究。但我们应该明确的是,居住隔离的产生并不是某一因素单独作用的结果,而是多种因素共同作用所产生的社会现象。针对不同地区的现实状况,这些因素对于居住隔离的影响也有主次之分、强弱之别。

国内学术界对于城市居住空间分异与隔离问题的研究始于 20 世纪 80

---

① 参见黄怡:《城市居住隔离及其研究进程》,《城市规划汇刊》,2004 年第 5 期。

年代后期,其基本背景是改革开放以来我国经历的社会贫富分化和结构重组,特别是住房制度的市场化改革。总体来看,相关研究主要关注的是城市居住空间分异与隔离现象的基本现状和特点、生成的动力机制等问题,这为本书研究奠定了良好的基础。① 具体来看,从目前已经展开的工作与取得的成果来看,主要涉及四个方面:包括社会阶层划分方法、分层结果及形成机制等在内的社会阶层化研究;"关于居住隔离主张及控制方面的研究,基于居住隔离产生的消极后果,多数学者主张控制居住隔离,也有学者认为要不同阶层的人混居于同个邻里内是更困难的事,违背了社会发展的客观规律,长此以往城市整合文化的功能难以完全发挥";"从居住隔离的动力机制方面进行探讨,从研究的视角出发,国家意识形态、经济发展政策、城市发展历史、城市自然背景、城市规划、住房制度等构成了宏观机制,而职业和单位的差异、住宅细化与阶层分化、收入水平和择居行为等构成了微观机制";最后是居住隔离的解决对策方面的研究,多是从城市规划、社区管理和政策制度三方面进行探索;从学科分布来看,城市规划学、人文地理学的关注较多。②

整体来看,居住隔离相关问题的研究工作取得了相当的成果,为进一步深入研究该问题奠定了基础,但也存在一些不足:首先,研究工作整体上还停留在对国外理论的引进吸收阶段,本土化程度不高;其次,已有研究主要聚焦于城市居住空间分异与隔离的外部表征和形成机理,但对于其存在的政治社会影响缺乏必要的关注。基于上述认识,本书的主要工作,就是基于政治社会

---

① 参见吴启焰:《大城市居住空间分异研究的理论与实践》,科学出版社,2001 年;顾朝林:《城市社会学》,东南大学出版社,2002 年;冯健:《转型期中国城市内部空间重构》,科学出版社,2003 年;黄怡:《城市社会分层与居住隔离》,同济大学出版社,2006 年;黄志宏:《城市居住区空间结构模式的演变》,社会科学文献出版社,2006 年;杨上广:《中国大城市社会空间的演化》,华东理工大学出版社,2006 年;张京祥等:《体制转型与中国城市空间重构》,东南大学出版社,2007 年。

② 参见陆伟、张万录、王雷:《基于都市发展阶段论的城市居住隔离研究》,《城市建筑》,2012 年第 2 期。

学的学科视角,结合具体的案例,在对城市居住隔离现象的生成机制进行系统比较和探讨的基础上,重点分析居住隔离现象对社会融合和社会稳定的现实和潜在影响,并分别提出有针对性的治理策略。

第三节　基本框架与研究方法

一、基本框架

选题研究的基本目的是从政府、市场、个体三个主要维度,对当代中国城市居住分异与隔离的演变过程、现状、类型、生成原因做系统地分析,并具体从贫富差距调适、阶层互动、社会融入、民族融合、群体性事件的诱发因素等层面,深化、细化、具体化地分析居住隔离现象对社会稳定的现实影响和潜在影响。在此基础上,超前探讨居住隔离现象的萌发对维护社会稳定与和谐、健康推进新型城市化的各种潜在影响,并提出相应的对策建议。总体来看,本书的内容安排体现出理论与实践的互促性螺旋上升,总体上可以分为两个部分:

第一部分包括第一章和第二章,主要工作是基于政治社会学的学科视角,对相关理论和典型国家的经验教训进行全面的比较和归纳,从宏观层面探讨和展望中国城市的居住隔离现象及其对社会融合与社会稳定可能产生的各种现实和潜在影响,为后文的分析奠定理论基础和总体基调。第一章为全书的导论,主要工作是介绍本书的研究背景和选题意义,对相关的概念、理论和文献进行梳理比较,并介绍本书的基本框架和研究方法,从而为研究工作奠定理论基础;第二章的主要工作是从中外横向比较的视角,分析归纳居住隔离现象的生成机制:基于典型国家与中国的比较,并在此基础上探讨现阶段针对我国城市初步出现的居住隔离现象的基本治理导向。

第二部分包括第三章、第四章、第五章、第六章和第七章,主要是结合具体的问题和案例,从社会融合与阶层互动的视角,探讨当代中国城市的居住分异和隔离现象对阶层、民族、种族等社会关系的现实和潜在影响,并针对不对的问题分别提出针对性的治理策略。第三章主要工作是探讨城乡接合部区域中,尤其是作为此类区域重要社区类型的"村改居"社区存在的居住分异与隔离现象。第四章主要从规划和空间布局的视角探讨了保障性住房这一新型的社区类型所可能诱发的居住隔离现象及其社会影响。第五章选取了沈阳为案例,比较全面地探讨了历史因素、社会分层、邻里效应、民族等因素对传统老工业城市居住空间分异与隔离出现过程中的影响机理。第六章以广州为例,探讨了族裔居住隔离现象在我国城市初露端倪的诱发机制和潜在的社会政治后果。第七章选取北京市 M 社区和天津市 H 社区为典型个案,发现目前外籍居民在国际社区治理中的参与更多体现为有限且固化的参与,呈现出参与热情低、参与范围窄、多集中于文化参与、参与缺乏双向互动的总体特征。而影响外籍居民参与国际社区治理的因素,可以从宏观层面的国际环境和国家政策,中观层面的社区治理水平、社会资本和社会支持网络,微观层面的个人因素、文化心理因素、收入水平以及利益相关度等加以解释分析。

二、主要研究方法

为了完成既定的研究目标,本书本着从现实中寻找问题,从历史中寻找智慧,从比较中寻求灵感,从经典中寻求启迪的思路选择研究方法。具体来看,本书综合运用了比较分析、历史分析、社会调查与实证分析等研究方法。具体的研究手段方面表现为四个特点:总体构思,宏观把握;注重调研,提高实效;国际视野,合作共进;分头研究,集体讨论。

居住隔离现象的生成机制及其社会影响研究

（一）文献分析法

通过文献分析法以形成对研究问题的认识和把握。首先,通过从国内外学术期刊、专著、重要的会议论文等数据库中检索选取相关文献,梳理已有的研究成果,提炼并归纳居住分异与隔离的关键理论基础。其次,在对相关文献整理过程中筛选出相关的影响变量,从而为归纳居住隔离的生成机制奠定理论基础。

（二）田野调查和案例研究法

本书将分别探讨保障性住房、新式"城中村"、外籍社区、我国少数民族聚集区、大学校园和产居一体的大型制造业工厂等各类社区中存在的居住分异和隔离现象。因此,本书主要通过半结构性访谈、实地考察等方式,归纳和发现问题,进而为研究工作典型经验基础。具体到相关章节,还将会对具体的访谈情况做更为具体和详细的介绍。

（三）比较分析法

比较不一定是将所有事务放到同一个标准下加以衡量,建立在同一研究目的下对不同对象的细致描述是另一种形式的比较。比较研究既关注研究可复制的通则,也对个案所具有的特殊性和具体性进行研究。具体来看,本书通过对典型国家居住隔离模式生成原因的分析与横向比较,为最终分类分析城市居住隔离现象的形成原因和对社会稳定的现实影响、潜在影响奠定基础。

第二章
居住隔离的生成机制：基于典型国家与中国的比较

第一节　居住隔离的生成机制：基于典型国家的经验

比较普遍的看法，目前主要存在三种不同的居住隔离模式：一是种族因素主导的美国式隔离。二是主要受社会福利政策，尤其是住房保障政策影响的西欧式居住隔离。三是主要受经济分布引导的北欧城市居住隔离。

一、种族隔离主导下的美国式居住隔离

在美国和加拿大，种族移民潮使得关于不平等的相关研究使用得多是种族或文化等词汇。美国作为一个移民国家，从早期的白人殖民活动和奴隶贸易到二战前后的移民浪潮，使得美国人口的种族构成一直非常多元化，由种族隔离引发的各种社会矛盾时至今日仍旧是困扰美国社会的最主要问题。同样，作为种族隔离的空间映像，美国的居住隔离问题也一直是以种族文化为主导的，其产生、发展都与种族隔离有着不可分割的关系，这其中最为显著的便是白人与黑人之间的居住隔离问题。例如，曾有学者对美国的城市发展进

程进行梳理,发现占其总数 75% 以上的黑人集中在纽约、芝加哥、费城、洛杉矶等 12 个大城市。更为严重的是,上述黑人人口中有 58% 居住在城市中心的少数几个人口密集、紧密相连的社区。[①]与此同时,随着黑人的增多和越来越多的白人迁离,相关社区逐渐沦为人口拥挤、房屋破败、经济萧条的黑人隔都区。这些区域通常充斥着贫困与混乱,生活在这里的居民通常面临着暴力犯罪、就业困难、教育质量下降、家庭破裂等严重问题。由于白人的敌意和抵制,长期生活在这里的多数黑人已经无法摆脱隔都区融入主流社会,特别是白人社区。

美国黑人群体的上述居住状况经过较长时间的发酵后,进一步造成了大城市黑人社区的黑人群体在婚姻、生育和家庭模式等方面,都开始非常显著地与美国主流社会模式出现了差异,黑白群体之间的社会鸿沟不断加大。此外,不动产行业的歧视性做法和联邦政府政策公共住房建设政策,使黑人在试图融入种族融合居住区时面临着强大的阻碍。长此以往,这种状况进一步造成了隔都区中黑人的经济状况、生活条件、家庭模式和教育质量都与美国主流社会存在着明显的差异,并已经步入恶性循环使的怪圈。[②](参见图 2.1)

---

① 参见王旭:《美国城市经纬》,清华大学出版社,2008 年,第 35 页。

② See Douglas S.Massey and Nancy A.Denton, "Hyper segregation in U.S.Metropolitan Areas:Black and Hispanic Segregation along Five Dimensions", *Demography*, 1989, Vol.26:382.

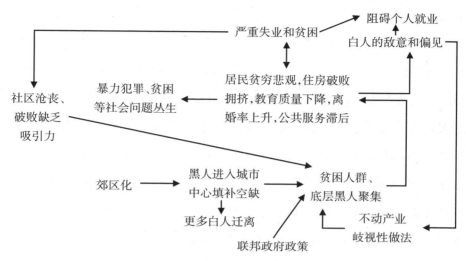

图 2.1　美国种族隔离主导下的居住隔离形成过程
资料来源:作者自制。

当然,美国白人与黑人之间存在的严重居住隔离现象也存在一个长期积累演化的过程,这一过程大致可划分为三个阶段。第一阶段是 20 世纪 20 年代之前,此时早期城市黑人大多是自由人,黑人居住隔离方面还不明显。在这一时期, 白人居民的数量在美国的大都市区中心城市中占据绝对主导的地位,黑人数量整体还比较少。同时,虽然美国的城市化进程已经开始显露出"郊区化"的发展态势,但毕竟刚刚露出苗头,主流的趋势依然是人口和资源向中心城区的聚集,因此城市中心城区与郊区的居民结构还不存在明显的种族差别,更没有形成泾渭分明的隔离结构。

第二个阶段是 20 世纪 20—40 年代。随着城市化程度的提高,这一时段出现了第一次黑人城市化移民浪潮,黑人大量涌入北方城市,与此同时经济危机在美国爆发,黑人与白人种族矛盾由于经济利益、文化不同而加深。面对白人群体的歧视和排挤,很多黑人的应对措施是抱团取暖:为了减少与白人的冲突而自发地向城市的特定区域聚集。针对黑人在居住空间层面的主动聚集,白人方面也是助力推动,以达到将黑人隔离到城市某一特定区域的目的。在这种情况下,美国社会在居住等方面针对黑人的隔离歧视程度不断加重,这一时期的黑人整体上处于经济上贫困,文化上被歧视,政治上处于无权的地位。更为严重的是,包括路易斯维尔、巴尔的摩、里士满和亚特兰大在内的很多城市政府甚至以颁布隔离法令的形式确认了城市中黑白隔离局面的合法化。①将这些生活状况差,备受歧视的黑人聚居到一起必然会对社会稳定造成影响,黑人聚居区种族骚乱和治安每况愈下,就业隔离、教育隔离也伴随着居住隔离增多。最终,城市中的黑人聚集区很快便由正常的居民区发展成黑人聚居区(Ghetto),甚至进一步蜕变成贫民窟区(Slum)。②

第三个阶段是 20 世纪 40—70 年代,这个时期也被称为美国城市化的大都市区化时代。二战前后,黑人向西部和北部城市迁移的速度进一步加快,出现了美国第二次黑人迁移,同时亚洲和拉美移民的数量呈现持续快速增长的态势。具体来看,一些黑人为了获得相对较好的生活环境和宽松的社会环境,便由北部工业区迁移到西部,由经济落后地区迁往经济发达的大城市,然而这使得原本就很紧缺的聚居区资源变得更为紧张,而种族歧视已经深入白人思想,根深蒂固。地方政府对于种族歧视和隔离行为的认可、默许则进一步加重了居住隔离的演化态势。此时,甚至连狗都在隔离之列,例如 1948 年华盛顿特区颁布的隔离法就规定:"树立了肤色界碑的狗的坟地禁止埋葬属于有色人种的狗。"③

---

① 参见[美]约翰·霍普·富兰克林:《美国黑人史》,张冰姿、何由、段志诚、宋以敏译,商务印书馆,1988 年,第 120 页。

② See Carl Abbott, *Urban America in the Modern Age: 1920 to the Present*, Halan Davidson, 1987: 223.

③ 中国人民解放军五二九七七部队理论组编著:《美国黑人解放运动简史》,人民出版社,1977 年,第 305 页。

第二章 居住隔离的生成机制：基于典型国家与中国的比较

联邦政府层面，虽然这一时期的肯尼迪政府、约翰逊政府都曾出台过减缓居住隔离的政策、行政命令，但是其暧昧的执行态度，敷衍的缺乏可行性的执行手段方式，使得法令、政策都成了空样子，最终以失败告终。在这种情况下，伴随着黑人和其他少数族裔的不断增多，美国大城市中社会结构中种族和民族构成的逐渐扭转，以黑白冲突为主的族裔冲突不断积累激化，族裔冲突已经相当的频繁，激进思想盛行犯罪率不断提升，整体社会环境愈发糟糕。此外，黑人等少数族裔的聚集也带来了另一个后果：由于黑人和其他少数族裔居民普遍的贫困化，导致城市政府日渐背上了沉重的社会福利负担。

与中心城区日渐糟糕的生活状态形成鲜明对比的是加速推进的"郊区化"进程。为了满足中高收入群体，尤其是白人中产阶级的住房需求，美国各地方政府不约而同地开始加速推进城市郊区的交通等基础设施建设，大大提升了郊区的生活环境和便利程度。在那个情况下，自 20 世纪 20 年代开始，美国城市郊区的就业持续发展，郊区人口以每年 30%的速度递增，1940 年已经有三分之一的美国城市居民迁往了郊区。[①]由于中上层社会群体持续迁往郊区所产生的聚集效应，中等以上收入群体在郊区的汇集越来越多，郊区几乎成为中产阶级的同义词。

郊区良好的基础设施，便利的交通条件和充裕的就业机会，也吸引了大量的黑人前往郊区生活。为了防止重演中心城区被黑人等少数族裔占领的局面，郊区政府和白人居民纷纷开始采取各种措施阻止黑人等少数族裔群体的涌入。政府层面，郊区的自治市主要是借助于土地规划途径，表面上是对土地用途实施分区规划，实际上却是借机实施种族排斥。具体的手段方面，郊区的自治市政府多是通过对住宅地块的分区规划，限定住宅的住房户型、建筑面

---

① See Douglas S.Massey, Naney A.Denton, *American Apartheid：segregation and the making of the Underclass*, Cambridge：Harvard University Press, 1993：44.

居住隔离现象的生成机制及其社会影响研究

积和高度、住宅内的卧室、卫生间数量,甚至是户外草坪的数量和质量等大量建筑细节,从而抬高了住宅的总体价格。由于黑人等少数族裔居民的整体经济状况普遍不佳,因此大部分无力购买整体价格偏高的住宅,从而在客观上达到了限制其迁入的目的。①这种局面一直延续到 20 世纪 60 年代美国全国性的《住房公平法》颁布实施后才有所改观,之后郊区地方政府基本上无法再通过颁布地方性法令的方式对黑人等少数族裔实施居住排斥。与此同时,居民层面的一些隐蔽性的应对措施却开始纷纷出现,比如白人居民纷纷通过个体间的住房买卖协议,禁止将房子卖给某些特定种族或民族群体的成员,从而达到对黑人等少数族裔实施居住排斥目的。在这种情况下,虽然大部分城市郊区的社会异质性整体也有所提升,但却远远落后于中心城区,甚至部分郊区的社会异质性出现了下降。

从黑人和其他少数族裔群体自身的居住空间选择来看,即使地方政府和白人不去设置各种排斥措施,很多收入较高、有能力在白人社区购买住宅的黑人也是宁愿居住在公共服务水平低下、治安和生活环境恶劣的黑人社区,而不是搬迁到环境优良、设施完备的白人社区。这其中的原因比较简单,因为除了有形的排斥和隔离,白人社区中各种针对有色人种的无形歧视和孤立也是无处不在,黑人等少数族裔如果贸然迁入白人社区可能会面临很多难以预知的苦难和糟糕的邻里关系,以至于生活在恐慌和不安之中。②例如,有学者曾在 20 世纪 70 年代围绕种族居住隔离问题,对底特律的黑人群体进行了问卷调查,从调查样本数据反映的情况来看,在那些回答不愿意迁入白人社区的黑人中,34%的受访者相信白人肯定不会对他们施加友善的行为,37%的受

---

① See John Iceland, Daniel h.Weinberg and Erika Steinmetz, *Racial and ethnie residential segregation in the United states : 1980-2000*, Washington, Washington, DC : U.S.Census Bureau, 2002 : 59-73.

② 参见[美]詹姆斯·罗伯逊:《美国神话美国现实》,贾秀东等译,中国社会科学出版社,1990年,第 133 页。

访者确信他们肯定会感到不舒服，另有 17% 的人表示了对种族暴力的担忧。[①]

在 20 世纪六七十年代，与美国城市化进程中的"郊区化"趋势不同推进的，除了中心城市和郊区在人口的阶层和种族结构方面的急剧分化，还有两者在公共服务供给、生活环境等方面日益明显的差距。[②]在美国，地方政府最终的税收是主要针对住宅征收的不动产税，由于"郊区化"进程中大量的中高收入群体持续地迁往郊区居住，使得城市中心城区的新增住宅项目增长缓慢，已有住宅的保养情况总体不佳，部分已经完全"黑人化"的住宅社区在居住环境方面出现了严重的下滑，房产的市场价格也是随之大幅度下降。住房市场的不景气必然会对中心城市政府的税收造成非常不利的影响，在这种情况下，地方政府如果希望维持甚至提升公共服务的供给水准，要么寄希望于联邦或州政府的财政转移支付或援助，要么提升税率。长此以往，就容易陷入这样的一种恶性循环："往往是一个地区越贫困，税率却越高，富裕人群和中产阶级唯恐避之不及，于是该地区的税收基础越是薄弱，财政越是捉襟见肘，公共基础设施越是破败不堪。"[③]上述恶性循环无疑进一步加剧了大都市区各个地方的公共服务和生活环境差距，客观上起到了固化种族居住隔离的效果。

综上所述，在美国社会存在的针对黑人等少数族裔的居住隔离，实际是由一个全面化的歧视体系造成的[④]，长期以来针对美国居住隔离现象的两种

---

①　See Reynolds Farley, Suzanne Bianchi and Diane Colasanto, "Barriers to the Racial Integration of Neighborhoods: The Detroit Case", *Annals of the American Academy of Political and Social Science*, 1979 (1): 97–113.

②　参见孙群郎：《美国城市郊区化研究》，商务印书馆，2005 年，第 286 页。

③　See Scott Greer, *Governing the Metropolis*, Westport Connecticut: Greenwood Press, 1995: 115.

④　See John Yinger, "Racial Prejudice and Racial Residential Segregation in an Urban Model", *Journal of Urban Economic*, 1976(3): 383–396.

常见解释,即经济因素论①和文化论②,缺少全面的解释力。实践层面,在 20 世纪六七十年代这个社会运动风起云涌的年代,随着黑人权利运动的展开,黑人的社会地位确有上升,但是种族间的歧视却没有根本性的改变,居住隔离问题依然无法得以根本性扭转。③

二、主要受社会福利政策影响的西欧式居住隔离

不同于美国,欧洲国家的居住隔离除了贫富分化和种族因素外,社会福利政策,尤其是以政府为主导的社会性住宅建设和住房保障政策,也是不容忽视的因素。典型如法国的"大型社会住宅区"对居住隔离和社会隔离的发酵和扩散作用。法国城市居住隔离现象的蔓延可以说是住房政策和种族因素共同作用的结果。19 世纪以来,法国经历了四次大的移民输入浪潮,一直是北非、中东等地区移民的主要目的地,特别是二战结束后,非洲裔移民及非法移民数量迅速增加。④二战结束后,随着北非法国移民的回归,再加上战争的破坏和战争时期住房政策的限制,使得这一时期的法国面临着严峻的住房危机。为了应对危机,20 世纪 50 年代初期至 70 年代中期,以政府为主导的"大

---

① "经济因素论"认为黑人及其他少数民族与白人隔离是因为两者财富和收入上的差异,由于少数民族缺乏必要的资本,所以无法在白人社区里购买住房,也没有财力维持在白人区里的住房。参见 Anthony Pascal, *The Economics of Housing Segregation*, Santa Monica: Rand Corporation, 1967.

② "文化论"强调种族隔离是文化和个人选择的结果。黑人和白人选择生活在截然不同的社区,是因为他们生活方式和文化背景截然不同,两者都喜欢生活在与自己相似的人群中,所以产生了黑、白居住隔离模式。参见 Reynolds Farley, "Chocolate City, Vanilla Suburbs: Will the Trend Toward Racial Separate Communities Continue?", *Social Science Research*, 1978(4): 319-344; William A.V. Clark, "Residential Preferences and Residential Choices in a Multi Ethnic Context", *Demography*, 1992(3): 431-454.

③ See Thomas J. Phelan, Mark Schneider, "Race, Ethnicity and Class in American Suburbs", *Urban Affairs Review*, 1996(5): 667.

④ 参见宋全成:《从民族国家到现代移民国家——论法国的移民历史进程》,《厦门大学学报》,2006 年第 3 期。

型社会住宅区"迅速填补了大量的住房缺口。为追求经济节约和标准化生产，这些"大型社会住宅区"往往忽视对城市形态、建筑景观以及社会生活的关注，功能相对单一、交通生活配套设施都很落后，很难形成可持续、焕发活力的社区。

　　20世纪70年代中期以前，这些"大型社会住宅区"主要以当地原住居民为主，外来移民则混杂于法裔公民中，社区问题主要表现为阶层和邻里矛盾。但后来，情况发生了很大的变化：得益于住房政策改革，中产阶级和富裕阶层陆续离开"大型社会住宅区"，在交通便利和生活设施配套完善而又接近市中心的地方购置房产。与此同时，1974年法国政府终止原来的劳工移民政策，以家庭团聚为名义的外国移民数量迅猛增长。这些外国移民多被安置在空置的"大型社会住宅区"中，社区中原来简单的邻里关系开始逐步演变为种族问题。①随着社会住宅饱和，居住问题基本得到解决，以种族和贫富差异为特征的居住隔离和社会隔离，开始给法国带来严重的社会问题，孤立于老城区的大型住宅区成为社会边缘群体的聚居地和"问题街区"。由于基础设施和公共投入严重不足，这些"问题街区"的社会治安问题日趋恶化，种族问题夹杂着贫困带来的被剥夺感，使这些地区成为多次大规模骚乱的策源地。例如在2005年爆发的巴黎骚乱中，聚集了大量非洲裔穆斯林移民、失业率高达25%的克利希苏布瓦市理所当然地成为骚乱的首发地。

　　另一个受福利政策诱发居住隔离的典型国家是英国。相比较法国，住房福利政策在促发英国居住隔离的因素中占据了更加重要的位置。第二次世界大战期间，战争的破坏使英国的大量房屋变成了废墟，加上大量参战军人返家，英国住房严重短缺。为了缓解上述矛盾，英国政府在战后陆续完成了大量

---

　　①　参见史春玉：《法国城市边缘社区治理40年：经验与教训》，《中国行政管理》，2015年第5期。

公共住房建设提供给低收入群体。但是这些公共住房多为高层住宅,设计和建筑质量非常糟糕,再加上社区内的不同族群之间的关系非常紧张,不利于赢得居民对所在社区的认同。到 20 世纪 50 年代中期,住房短缺问题已经基本得到解决,英国政府开始着力进行贫民窟改造工作。1954 年,政府颁布了一系列关于贫民窟拆除的方案和规定,在贫民窟拆除后的房屋再分配方面,政府公文明确指出能够参与房屋再分配的主体是家庭而非个人,且主要是拥有房产或租赁住房的已婚家庭。居住在贫民窟地区的单身新移民则被排除在住房再分配计划之外。在大规模贫民窟拆除过程中,对于聚集了大量单身者和移民的地区,英国地方政府放弃了拆除计划,从而导致那些被排斥在住房再分配计划之外的群体开始向未拆除的地区集中,居住状况更加恶劣。与此同时,来自大英帝国属地的移民日趋增多,导致了原住民的普遍不满,种族问题也开始凸显。到了 1960 年,移民的住房问题已经成为英国社会中特别突出的一个问题,本地人与新进移民之间的关系越来越紧张。虽然英国并没有出现像美国那种程度的结构性种族分裂,但由于公共住房和社会住房在英国福利制度中一直居于核心位置,所以只要涉及公共住房和社会住房供给和再分配问题,英国社会的不同群体之间就可能发生激烈的冲突。[①]

三、经济分布引导的北欧城市居住隔离

相比较北美,欧洲的居住隔离程度总体要低一些,这主要是因为大部分欧洲国家对待种族问题相对温和。在北欧国家,居住隔离现象主要源于阶层、群体间的贫富差距,这种状况大体属于社会分层、贫富分化的一个必然结果。需要引起注意的是,在主要由贫困与衰落引发的北欧城市居住隔离中,种族

[①] 参见[美]丹尼尔·斯特德曼·琼斯:《宇宙的主宰:哈耶克、弗里德曼与新自由主义的诞生》,贾拥民译,华夏出版社,2014 年,第 356~357 页。

也是一个影响因素，2011 年发生在挪威"7·22"爆炸枪击事件就源于外来移民持续增加所带来的种族对立情绪。只不过，相对于经济隔离而言，种族在影响北欧居住隔离程度的因素中占据的重要性较低。

　　总体而言，在北欧国家，虽然存在主要因为阶层贫富分化而引发的居住隔离，但因为社会分化还远没有到"极化"的程度，所以居住隔离现象大体还属于正常状态，对阶层融合和社会稳定的影响也不是很大。以挪威为例，该国经济领域的极化依然存在，但居住隔离的程度却没有增加，近些年反而出现了隔离指数下降的趋势。①这主要缘于 20 世纪末发生的经济重组和产业再分布，非工业化和旗舰开发直接催生了新的居住空间分布。伴随家庭所有权的扩散，挪威住房市场对区位依赖的程度下降。在住房需求上，高收入群体的住房需求趋于稳定，而中产阶级对于住房区位的选择倾向受经济再分布的影响而发生变化。加上政府"融合政策"的推进，挪威的居住隔离边界已经开始软化。②

第二节　当代中国初现端倪的居住隔离现象及其治理导向

一、当代中国大中城市居住分异与隔离的基本现状

　　改革开放以来，随着城镇化进程的持续加速，中国城市、特别是大中城市原有的各阶层、群体高度混杂的共生居住区逐渐消失，取而代之的则是为各

---

①　See Wessel T, "Social Polarization and Socioeconomic Segregation in a Welfare State: The Case of Oslo", *Urban Studies*, 2000, Vol.27: 1947–1967.

②　参见黄怡：《城市社会分层与居住隔离》，同济大学出版社，2006 年，第 41 页。

阶层、群体量身打造的专属社区。总体来看,当代中国大城市社会空间结构重构与分异的演变趋势大致呈现出以下普遍特征:社会空间分异化与两极化、城乡接合部居住形态多元化、弱势群体居住空间边缘化、"双城"现象凸显化、城乡二元结构空间显现化、部分老龄化社区显现化。

具体来看,随着市场经济的发展所引发的社会结构分化与重组,我国城市,尤其是大中城市原有的以"单位大院"为主导的各阶层高度混杂的居住格局逐渐被"异质化"的居住结构所取代。特别是伴随着住房制度的市场化改革,在"房价"的过滤作用下,各个收入差距明显的社会阶层和群体在居住模式和居住区位上形成了明显的分化,开始有规律地聚集于城市的不同区位,居住空间分异格局基本形成,居住隔离局面也开始初步萌发。为了满足部分高收入群体改善居住条件的需求,在城市的中心地段以及其他交通、基础设施较好的地段,开始集中出现大批的高档住宅项目,并逐步演变为所谓的"富人区";在城市中心区域的周边区域,大批新型商品房不断涌现,开始成为所谓的"中产阶级社区";很多老旧住宅社区虽然地处城市较为中心的地段,但由于普遍存在生活设施较为落后陈旧、居住环境较差等缺陷,因此逐步成为城市中低收入群体的聚集区。在城乡接合部区域大量存在"村改居"社区,则成为外来务工人员等中低收入群体重要的聚集区。在房价持续走高的情况下,为了满足城市广大中低收入群体的住房需求,政府加大了公租房、廉租房、经济适用房、限价商品房、共有产权住房等保障性住房的建设和供给力度,但保障住房的大量出现较大程度上缓解了中低收入群体购房压力的同时,由于相关住宅项目的选址往往因为地方政府处于经济利益的考虑而位于城市的边缘区域,交通等基础设施水平较差,从而加剧了居住空间的分异与隔离;在一些少数民族较为集中的城市,民族之间的居住分异由来已久,且显露出了固化的态势;而在诸如广州等一些境外移民较为集中的城市,外籍居民,尤其是非洲裔居民与本地居民之间也开始形成了明显的居住分异。

　　关于国内一线城市的居住分异与隔离现象,杨上广等学者曾对上海社会空间的重构与分异进行了较为系统的研究。具体来看,他从宏观、中观和微观三个层面对上海市空间分异进行剖析。从宏观层面上来看,改革开放以来,上海通过大规模的住宅建设、旧城改造和随之出现的居民梯形消费的搬迁三方面作用,不同阶层居住的空间分异趋向逐渐表现出来;从中观层面来看,随着市场经济的发展,特别是住房制度改革和住宅房地产市场的培育成熟,居民小区间的差异性有所扩大,主要表现在住宅品质在地理上的聚集性;在微观层面上,作者则选取三林镇作为具体案例进行分析。[1]

　　就当前上海居住空间的整体现状而言,可以概述为内外圈分明的圈层式隔离和中心城区的镶嵌状隔离与簇状隔离。[2]随着上海中心城区同心圆圈层式扩展的迅速推进,内、外、中环线将城市划分为内环以内、内中环之间、中外环之间以及外环以外四个地带,进而形成了城市土地级差地租模式,造成了以城市中心向外散布的隔离模式。但随着近年交通状况的发展,住房需求的加大、城市规划开发等现象的出现,圈层式隔离并不那么明显。由于环境、交通、旧城改造等问题,城市内部出现了簇状隔离的新结构,城市隔离状况散落破碎。例如,形成了以公共绿地、景观为中心的高档小区,促使高收入阶层集聚其周围。具体来看,高收入阶层位于基础设施便利的黄浦江、苏州河和滨水景观带等中心城区,以及设施完善、交通便利的近郊区;其中低收入者多数居住在尚未改造的旧式里弄、老房子以及外环线附近的中低价商品房动拆迁基地。随着房价的不断上涨,上海中低收入者生活质量不断下降,而也正是这种

---

　　① 参见杨上广、王春兰:《上海城市居住空间分异的社会学研究》,《社会》,2006 年第 6 期。

　　② 参见黄怡:《城市居住隔离模式——兼析上海居住隔离的现状》,《城市规划学刊》,2005 年第 2 期。

居住隔离现象的生成机制及其社会影响研究

空间分配,造成与为严重的两极化空间分异,居住隔离有进一步加剧的趋势。从上海居住隔离现状来看,引起中国居住隔离问题产生的根源便是贫富差距,而房价在其中起到了过滤作用,将不同收入阶层通过房价散布在不同等级的社区之中。其中历史上的城市布局,城市建设中心的规划,政府的拆迁、住房、土地政策等,也是可能导致隔离现象出现的原因。

随着中国城市居住空间分异格局的初步成型和居住隔离现象的萌发,相应的弊病也开始显露:第一,上述居住格局无疑是将已经比较突出的贫富差距问题从空间层面放大乃至固化了,不利于构建良性的社会结构和社会融合;第二,居住分异局面的固化已经成为外来务工人员等城市新移民社会融入的巨大屏障;第三,由于外来务工人员聚集的城乡接合部区域基础公共服务供给水平较低,且基层政府的管理能力普遍有待提升,既不利于外来务工人员与本地居民的互动与融合,也成为"村改居"社区居民融入城市生活的屏障;第四,在广州等部分沿海发达城市,由于大规模非洲裔等境外移民的大量迁入并在城市的特定区域聚集,导致族裔居住分异乃至隔离现象开始出现,并由此引发了一系列的社会问题。此外不同于一般的居民区等人员密集区域,在高校和一些产居一体化的大型制造业工厂等特殊的居住区,由于人口密集、同质化程度高、与外界存在较为明显的隔离,且普遍处于一种全天候的人员密集状态。对于大学生和产业工人这两类高度同质化的群体而言,上述生活环境实际上非常有利于各种问题和负面情绪的快速传播,事实上为突发性群体性事件的发生制造了必要的空间环境。从西方国家的经验教训来看,如果不能在居住空间分异格局全面固化之前,进行必要的疏导治理,就有可能最终走向居住隔离,并对社会融合与和谐产生非常不利的影响,甚至成为社会稳定的严重潜在威胁。

二、居住隔离现象的治理导向探讨

综合前文的分析过程，与西方国家相比，我国现阶段开始萌发的居住隔离现象总体处于可控的范围，且诱发的主要原因也与西方国家存在明显的差异。在西方国家，贫富差距因素、种族因素、社会福利政策因素，分别在不同层面影响着居住隔离现象的发生和蔓延。其中，种族因素是诱发美国城市居住隔离现象的主要因素，而相关的住房保障政策和种族因素则共同推动了英、法等西欧国家居住隔离现象的出现，北欧国家的居住隔离现象则主要受到贫富差距的影响。在当代中国的城市，市场因素及其引发的阶层间贫富差距显然是诱发居住隔离现象的主导原因。其中，政府的规划偏好、市场经济体制下的阶层收入差距、个体的需求偏好等因素，分别发挥了一定的影响作用。

总体而言，相对于深受种族因素影响的美国和西欧式居住隔离，我国不同的社会群体之间，虽然由于贫富和社会结构分化等原因已经存在了一定的社会隔阂，但还远达不到类似美国式黑、白种族对立那么严重的程度，因此对居住隔离现象进行疏导治理的难度相对较低。然而也绝不能掉以轻心，因为从西方国家的教训来看，如果不及时实施有效的政策干预，大城市的居住隔离现象将有可能全面固化，进而形成各类穷人区与富人区泾渭分明、相互对峙的局面。部分低收入者聚集区甚至可能完全滑向贫民窟式的"问题街区"，成为滋生犯罪和群体性事件的策源地。因此为了健康推进城镇化，维护社会的稳定和谐，必须构建相应的治理与协调对策。总体的政策导向方面，应强调城市规划中的公共利益本位、积极倡导推进"以人为本"的混合型异质化社区建设。这里需要说明的是，构建多元混居型的异质化社区的主要目的是为不同的社会群体间的良性互动搭建一个开放的公共平台，对于治理居住隔离现象具有最直接的政策意义。具体来看，多元混居型的异质化社区主要包括三个层面,即社区居民构成的混合、公共服务设施的混合和建筑样式的混合。而且与西方国家相比,我国无论是社会阶层结构,城市居住空间的分异状态,还是不同社会群体的心理接受程度,都具有推广多元混居的先天优势。

第一,总体呈现为良性的社会阶层结构构成了推动多元混居的社会基础。虽然改革开放以来我国经历了社会结构的大分化与整体重组过程,但受益于多年来持续快速的经济发展,各个社会阶层居民的生活水准都有了质的提升,因此虽然也存在贫富分化等触发社会阶层矛盾的问题点,但总体上仍处于可控的范围。而且相比于美国等移民国家,我国向来不存在严重的种族问题,虽然现阶段广州等城市由于境外移民增多,已经开始出现种族矛盾,但总体上仍然只是局部区域的非主导性矛盾。因此,相比较深受种族和阶层冲突困扰的西方国家,我国的社会结构显然更有利于构建多元混居的居住格局。

第二,市区与郊区的双重繁荣构成了推动多元混居的空间基础。如前文所述,西方国家,尤其是美国城市化进程中出现的"郊区化"态势既受到了种族居住隔离因素的驱使,同时也在客观上加固了种族对立的居住格局。不同于西方国家大都市区的多中心模式,我国的市制基本呈现为单中心广域市制,从而为形成中心城区和郊区双重繁荣的局面奠定了体制基础。目前,我国各个大中城市的中心城区普遍集中了教育、医疗等最为优质的公共服务资源,且交通、商业等基础设施配套成熟便利,因此通常是一个城市住宅市场价格相对较高的区域。另一方面,虽然城市郊区的公共服务资源聚集度和交通等基础设施便利度不及中心城区,但由于郊区住宅通常为房龄较短的新式住宅小区,也吸引了大批为了改善居住条件的城市中高收入者前往购房居住。这种情况下,绝大多数城市的中心城区和郊区呈现出共同繁荣的景象。此外,大量老旧社区、保障房社区、"村改居"社区等外来务工人员和城市中低收入者聚集的主要社区多呈现为插花式布局,在中心城区和郊区均有分布,并未像西方国家和部分发展国家那样,出现大面积集中连片的贫民区。这种居住空间布局显然亦有利于构建多元混居型的城市居住空间格局。

第三,曾经长期存在的"单位大院"式居住格局则提升了城市居民对多元混居模式的接受度。在改革开放之前的计划经济年代,我国大中城市的居住空间格局主要受到就业单位、区域等因素的影响,很少受到社会地位等因素的影响。典型的表现就是"单位大院"在住宅社区类型中处于绝对主导地位,居住空间格局呈现出相对均质化的状态。在"单位大院"内部,虽然居民的住宅由于职务、级别等因素的差别,也存在着建筑面积、户型、楼层、朝向等差别,但整体上仍然更多地反映为一种各阶层多元混居的状态。20世纪80年代,特别是1994年"房改"以来,伴随着城镇化进程持续加速,劳动力自由流动和住房商品化,城市原有的以"单位大院"为代表的"熟人社区"开始被打破,取而代之的则是主要以经济收入为主导的居住格局,住宅社区的异质化程度得以全面提升。然而由于20世纪90年代之前出生的城市居民大多有过居住在"单位大院"的经历,这种历史沉淀所形成的心理影响使他们更容易接受多元混合居住的居住空间布局,从而成为推动新型多元混居的心理基础。

需要注意的是,考虑到不同社会群体在收入水平、消费能力、生活方式等方面存在一定的差异,这里所说的多元混居通常不会深入到楼户层面。楼户层面的混居可能反而容易引发不同社会群体在心理层面的抵触和隔膜。比较合理的方案应该是"大混居小聚居",即在较大的区域内混合规划包括保障房在内的各类住房,相似社会属性居民的居住空间则以小规模组团的方式配置。最终达到既有利于不同阶层的接触与交往,又保持一定的空间距离的效果,以满足不同的社会心理需求。

第三章
新式"城中村"中的居住隔离现象及其治理

第一节　研究背景与新式"城中村"的主要特征

一、研究背景

　　从 20 世纪 80 年代开始,伴随着高速推进城市化进程,大量人口涌入城市寻找就业机会,使得城市住房租赁市场日益繁荣。在这种情况下,国内大中城市开始大量出现以房屋租赁为主要产业的"城中村"。"城中村"概念提出到现在受到学术界的广泛关注。[①]梳理相关的文献可以发现两个突出的研究问题:其一,已有国内外相关研究关注的主要对象是位于城市相对中心地段的

---

　　① 截至 2018 年 4 月,在中国知网以"城中村"为篇名进行检索,共搜索到相关期刊论文累计达 3127 篇,其中 CSSCI 期刊论文 220 篇。国外方面,在国际社会科学引文索引(SSCI)分别以"Urban Village"和"Villagesinthecity"为篇名进行检索,共搜索到相关论文 131 篇,其中有近百篇是以中国的"城中村"为直接研究对象的。

第三章　新式"城中村"中的居住隔离现象及其治理

传统"城中村"①（Villagesinthecity）和由外来务工人员自发聚集而形成的都市乡村飞地②（Migrant Enclaves），而对于近年来不断增长的、位于城乡接合部、经过统一规划建设的"城边村"，则关注不多。其二，少有学者从居住空间布局分异和隔离的视角，探讨"城中村""城边村"蔓延所可能引发的各种社会和政策外溢效应。其三，从学科视角来看，已有相关研究成果多是基于社会学和城市规划学的学科视角，其中前者主要关注的是"人"，即从社会结构的视角，聚焦于"城中村"内部的社会结构、社会关系、人力资本等问题；后者主要关注的是"地"，即从城市规划分区的视角分析"城中村"的空间架构、组成和优化等技术问题。

　　基于社会学和城市规划学学科不同及研究方法的不同，两者基本不存在什么交叉互动。然而城市居民空间分布作为社会结构分层的空间，反映两者之间存在着一种互动关系，假若设计不当的居住空间和社会结构组合，有可能刺激各种深层次社会矛盾的形成。基于上述发现，本章的主要目的就是在对"城中村"进行分类比较的基础上，以课题组在沈阳市皇姑区 XY 社区和天津市东丽区 HM 社区所做的半结构性访谈为主要经验证据③，创新性的从居住空间的分析角度研究"城中村"治理。

---

　　① 传统"城中村"是指那些虽然处于城市的连续建成区内，却仍然保留着"一户一栋"等农村社区基本景观特点，从而与周边城市环境形成鲜明反差的特殊社区。See Andre Sorensen, "Land Readjustment and Metropolitan Growth：An Examination of Suburban Land Development and Urban Sprawl in the Tokyo Metropolitan Area", *Progress in Planning*, 2000（1）：217-330.

　　② 都市乡村飞地是指以拆迁改造前的北京浙江村、安徽村等为代表的，由外来经商、务工人员在城市边缘地带自发聚集而形成的一种特殊社区。参见李志刚、顾朝林：《中国城市社会空间结构转型》，东南大学出版社，2011 年，第 206 页。

　　③ 遵循学术惯例，调查社区名称已作了技术处理，即使用编码代替被访社区。

二、传统"城中村"与新式"城中村"的比较

国内关于"城中村"的探讨,最早是参考国外都市村庄(urban village)和城市边缘区(urban fringe)的研究。[①]受此影响,早期研究者普遍将"城中村"称之为"都市里的乡村""城市里的乡村"等。[②]进入21世纪以后,"城中村"这一概念才开始被普遍接受。关于改革开放以来"城中村"大量出现的原因,比较普遍的看法是:"城中村"的出现源于中国特有的城乡二元结构转型、计划经济体制向市场经济体制转型,以及现代化进程共同影响下的深层次社会转型问题。[③]

通过参考国外都市乡村和城市边缘区研究,结合对我国城乡二元结构的全面认识,系统的整理成"城中村"的基本概念,而且具体运用于"城中村"定义界定中。至今学术界典型的定义包括:"城中村"是指那些位于城市连续建成区或边缘区,被城市建成区用地包围或者半包围的、没有或者仅有少量农用地的村落;[④]"城中村"脱胎于农村,因城乡二元割裂的现实而产生,其空间因城市建设而被建成区所包围,实际上是一种处于快速城市化进程中的转型社区;[⑤]"城中村"即城市里的乡村,是在空间形态、功能结构等方面与所处城

---

① 都市村庄是指被城市建成区包围的,仍保留着原有部分特征的一种村庄,其居民普遍具有强烈的社区和地方认同感。而城市边缘区则是指位于城市连续建成区外围,几乎没有城市居民居住、非农土地利用和纯农业腹地之间,但由于已经或者正在接受城市社会的改造和影响,因此兼具城乡两面特征的地带。参见李志刚、顾朝林:《中国城市社会空间结构转型》,东南大学出版社,2011年,第238~239页。

② 田莉:《"都市里的乡村"现象评析——兼论乡村—城市转型期的矛盾协调发展》,《城市规划汇刊》,1998年第5期。

③ See He Shenjing, Liu Yuting, Wu Fulong and Chris Webster, "Social groups and housing differentiation in China's urban villages: An institutional interpretation", *Housing Studies*, 2010(5):671–691.

④ 参见李俊夫:《"城中村"的改造》,科学出版社,2004年,第8页。

⑤ 参见李志刚、顾朝林:《中国城市社会空间结构转型》,东南大学出版社,2011年,第230页。

市反差极大,亦城亦乡、亦农非农的社会群落。[①]

　　由此可见,以上三个典型的"城中村"定义均从景观角度对传统的"城中村"进行直观的界定。根据这种逻辑思考,被征地农民集中安置区的"城边村"社区的建筑、绿化等各项指标几乎与周边城市社区相差无几,可以看作已经完成"村庄转型",并不归属于"城中村"界定内。然则,"城中村"作为城市与农村之间的"混合社区",它不仅是表现为一种地理实体的存在,也表现为一种组织化实体的存在。[②]其特殊性更多反映为与传统小农村社共同体相对应和区别的一种村社型组织,具体包括工业化的新型村社共同体与后工业化的新型村社共同体。[③]依照传统"城中村"是工业化前期的新型村社共同体这一说法来看,相应地"城边村"社区应该定义为工业时代后期的新型村社共同体。本章创新地将被征地农民集中安置的"城边村"作为主要研究社区,并定义为新式"城中村",以此与传统的"城中村"区别开来。

表3.1　传统"城中村"与新式"城中村"的比较

	传统"城中村"	新式"城中村"
空间布局	• 多数位于连续建成区内,部分位于城乡接合部	• 多数是城市近郊的"城边村",少数由改造后的传统"城中村"演变而来
建筑景观	• 拥挤的高密度社区,路窄屋密,公用设施匮乏 • 缺乏规划,以"一户一栋"的农村家庭住宅为主,与周边城市景观存在严重不协调 • 社区公共活动空间严重不足	• 布局紧凑,社区街道整洁、宽敞,公共设施齐备 • 整体规划,建筑规整,与周边城市住宅社区不存在明显的景观差异 • 社区公共空间比较充足

---

　　① 参见田莉:《"都市里的乡村"现象评析——兼论乡村—城市转型期的矛盾协调发展》,《城市规划汇刊》,1998年第5期。

　　② 李培林:《村落的终结——羊城村的故事》,商务印书馆,2004年,第3页。

　　③ 蓝宇蕴:《都市村社共同体——有关农民城市化组织方式与生活方式的个案研究》,《中国社会科学》,2005年第2期。

续表

	传统"城中村"	新式"城中村"
社会结构	• 居民以外来务工、经商人员为主,但本地村民居于主导地位 • 村民普遍的自我定位是"农民"	• 本村还迁村民占据绝对主导地位,少量外来租户 • 居民的自我定位仍然是"农民"
经济特征	• 村民的主要收入来源是房屋租赁、集体经济分红以及小规模的商业、餐饮业 • 外来人口以居住为主,少数在居住地从事商业经营活动	• 居民的主要收入来源是征地补偿、集体分红,及少量工资性收入和房屋租赁收入 • 外来人口较少且基本以居住为主
主要推力	• 本地居民为了房租等收益而采取的自发行为	• 城市规划、土地集约利用(城乡建设用地挂钩政策)

资料来源:传统"城中村"部分主要参考了钟谦(Him Chung)的相关研究成果,参见 Him Chung, "Building an image of Villages-in-the-City: A Clari cation of China's DistinctUrban Spaces", *International Journal of Urban and Regional Research*, 2010(2): 421-437;新式"城中村"部分主要基于沈阳市 XY 社区和天津市 HM 社区的访谈资料。

毋庸置疑,新式"城中村"的空间设计、景观构造、社会结构、经济模式以及形成因素等特征,相较于传统的"城中村"差别显著,这也是在"城中村"相关研究探讨中新式"城中村"被忽视的重要影响因素之一(详见表 3.1)。依据演变过程划分,新式"城中村"具体可以分为两类:一种类型是传统"城中村"的改造升级演化而成的原村民回迁安置社区;另一类是由于城市的发展需要引起的城郊用地开发,以至于城郊农业和农村建设用地(主要是农村宅基地)被征用,由那些被征地居民集中安置所形成的"城边村"社区。由于学术界关于传统"城中村"改造及"村庄转型"已经有比较系统的研究,因此本章将重点关注第二种类型的新式"城中村"。

第二节　新式"城中村"涌现的宏观政策背景分析

一、跳跃式城镇化:新式"城中村"涌现的基本背景

理想情况下,农村城镇化主要包括三个演变层次,即"业"的城镇化、"居"的城镇化和"人"的城镇化[①]:"业"的城镇化是城镇居民就业方式的转变,主要是从第一产业向第二、第三产业的变化;"居"的城镇化是城镇居民居住位置和形式的改变,主要体现在居民从农村转移到城镇生活;"人"的城镇化是居民生活方式产生的变化,也就是居民代表的社会角色从农民变成了市民,深入地参与到城市生活中。

国家统计局公布的数据显示,截至 2017 年我国城镇化率增长到 58%,这主要表示的是"业"的城镇化,主要由于"业"的城镇化是城镇化阶段中相对简单的一个阶段。农村居民城镇化演变过程中需要依照先难后易的方法进行,也就是以先完成"业"的城镇化,然后再依次达到"居"和"人"的城镇化。与传统演变方式不同的是,新式"城中村"独辟蹊径,跳过"业"的城镇化这一常规演变阶段,先完成了"居"的城镇化。但是这种模式存在的显著问题是"业"的城镇化目标依旧没有达到,导致实现"产城居融合"的目标还有待完善。

城市近郊"城边村"居民与偏远地区主要依靠外出务工为主要收入的居民不同,他们主要的营收来自于为城市居民提供经济作物和构建农家乐的娱乐项目,供城市居民旅游休闲。相比来看,"城边村"居民主要还是依靠第一产

---

① 参见张鹏:《城镇化的三个层次》,《北京日报》,2013 年 10 月 14 日。

业生存,对于农村土地的依赖更高。可是城市建设用地扩张导致土地被征用后,居民的营利方式受到巨大的冲击,"城边村"导致居民收入不稳定,就业困难。另一方面,他们通常又无法享受下岗、失业职工的相应保障,也难以被纳入城市居民最低生活保障的范围内,进而衍生出所谓种田无地、上班无岗、低保无份的"三无群体"。而且相当一部分被征地农民无力或者不愿参加养老保险、医疗保险和失业保险,致使日后的生活同样缺乏保障。在这种情况下,虽然"城边村"居民的社区建筑、景观设计等外在层面与城市居民相差无几,但是被征地农民并没有彻底实现城镇化的第一步,即"业"的城镇化,因此这一城镇化模式并非按照理论上的应然路径推进的,而是呈现出跳跃前进的状态。鉴于此,本章将这一城镇化进程称之为"跳跃式城镇化"。

二、跳跃式城镇化背后的政策动因

根据我国的政策特点,"跳跃式城镇化"主要是在城镇化加速推进的社会环境下,土地资源逐渐匮乏以及地方政府对土地财政过分依赖共同形成的产物。[①]作为一种不可再生资源,土地是民生之本、发展之基,是人类一切生活和生产活动的基本条件。因此如何在有效保护好有限土地资源的同时,又能够保障建设用地需求,以保证社会经济迅速、健康地发展是各国在发展过程中都无法绕开的难题。对于中国这样一个超大国家而言,一方面出于粮食安全的考虑,必须保护有限的耕地资源。因此,中共中央早已明确了 2020 年保持 18 亿亩耕地的红线。然而,城镇化过程又必然伴随着城市空间的扩张。据估算,如果 2020 年中国的城镇化率达到 60%,建设用地总量需要再增加 1.5 亿亩,以当前 18 亿亩的红线来算,从 2010 年到 2020 年内只有 3000 万亩的耕

---

① See Lynette H. Ong, "State-Led Urbanization in China: Skyscrapers, Land Revenueand 'Concentrated Villages'", *The China Quarterly*, 2014(March): 162-179.

地可转为城市建设用地,非农建设用地存在着1.2亿亩的供给缺口。①另一方面,地方政府依靠土地财政导致土地资源的供求紧张,这一影响因素已经远超于"城边村"居民对土地的依赖。②

　　由于中共中央对18亿亩耕地红线逐步吃紧,地方政府便高度重视如何最大限度地增加已有城乡建设用地的存量,并由此产生城乡建设用地增减挂钩政策。城乡建设用地增减挂钩政策全称"城镇建设用地增加与农村建设用地减少相挂钩",其基本内容是指依据土地利用总体规划,将若干拟整理复垦为耕地的农村建设用地和拟用于城镇建设的地块共同组成建新拆旧项目区,通过建新拆旧和土地整理复垦,最终实现项目区内建设用地总量不增加,耕地面积不减、质量不降,从而为城镇经济发展节约出空间。③作为一项自下而上的地方政府"创新"行为,城乡建设用地增减挂钩政策最早始于20世纪90年代后期,在获得中央的肯定后迅速在全国推广开来。④目前,全国已有20多个省市开展增减挂钩相关工作,诸如"宅基地换房""示范小城镇"等具体政策模式多与增减挂钩政策存在直接联系。

　　从地方政府的视角分析,可以将城镇建设用地存量分为两类:第一种是城镇管辖范围内的农村建设用地;第二种是处于连续建成区中的城市建设用地,或者在城市附近的传统"城中村"社区。两者相比,第一种地理位置占劣势,可是对其拆迁所需耗费的成本较低,另外土地本身也存在一定的问题,例如:土地利用形态破碎、零乱、粗放、利用率低,农村空心化严重等。相反,第二

　　① 参见戴伟娟:《城市化进程中农村土地流转问题研究》,上海社会科学院出版社,2011年,第4页。
　　② See Lynette H.Ong, "State-Led Urbanization in China:Skyscrapers, Land Revenueand 'Concentrated Villages'",*The China Quarterly*,2014(March):162-179.
　　③ 《关于规范城镇建设用地增加与农村建设用地减少相挂钩试点工作的意见》(国土资发[2005]207号)。
　　④ 《国务院关于深化改革严格土地管理的决定》(国发[2004]28号)。

种占有地理位置的优势,相应的其拆迁所需费用极高,这一问题造成的影响也比较大。

由此可见,在城乡建设用地增减挂钩政策的施行过程中,各地政府大多将主要目标指向农村建设用地。不过考虑到地方政府的经济人行为和对土地财政的过分依赖,因此增减挂钩政策被限定在城市近郊区施行。造成那些土地升值空间大,可是由于条件限制又没有演变为传统"城中村"的区域居民纷纷"被上楼"。这些居民虽然住进集中安置的新式楼房社区,但在社会网络、生活方式、地缘文化等方面仍然保留原来的乡村习惯。

第三节 居住空间失衡与新式"城中村"持续发展的陷阱

一、集中安置与"村落"重建

在居住空间上新式"城中村"居民的典型特征是依据村落原来的分布集中安置在回迁社区内。这类的新式"城中村"居民社区环境、建筑风格、经济模式等层面与城市社区相差无几,可由于地理位置较为偏远,导致房屋租赁市场与城市社区相差较大。不过对于居民来说,原来农村用地归属个人,一般农民会搭建多层楼房用于租赁, 改建之后居民被分配到的房屋多用于自己居住,并没有多余的房子用于出租。①由此可见,城建扩张不仅减少了农民多方

---

① 例如,沈阳市 XY 社区作为一个 2000 年就完成回迁的新式"城中村",目前约 80%的社区居民仍然是当初回迁的原村民。该社区被用于出租或出售的房屋十分有限,且租金收益相对较低,租金在居民收入中所占据的比重根本无法与传统"城中村"相比。而天津市 HM 社区由于建成和完成回迁的时间并不长,房屋出租、出售情况甚至还不如 XY 社区,社会结构的同质化程度更高。

面的收入来源,另外还迁房社区中原住居民占据强势的主导地位。

由于新式"城中村"中居民高度的同质化社会结构,从某些层面看新式"城中村"实质上仅仅是楼房建筑中重组原来的村落,无形中形成了村民与其他社会群体互动沟通的隔膜。新式"城中村"与传统"城中村"和城市社区差别较大的一点是,新式"城中村"居民共同来自旧村落,居民之间的熟悉程度、交友圈并未发生较大的改变,朋友圈相对狭窄单一。新式"城中村"居民保留村落的生活习俗和习惯,社区居民传承交流他们所熟悉的生活经验,遵守之前的秩序和规则,逐步重构之前的村落。然而"乡土社会的生活是具有地方性的。地方性是指他们活动范围受地域限制,在区域间接触少,生活隔离,各自保持着孤立的社会圈子⋯⋯孤立和隔膜并不是绝对的,但是人口的流动率小,社区间的往来也必然疏少。"①由此看出,新式"城中村"受限于居住空间,很大程度地影响新式"城中村"居民与其他市民之间的交流沟通,同时减少了该社区上升的机会。

新式"城中村"村民在入住社区之后,本身缺乏城市生活经验,但由于单一的社交圈导致在生活中缺乏与城市居民的交流,城市居民也并不能为他们提供指导。一方面,部分村民留恋农民身份,在接受城市生活及观点的过程中对新的城市市民的身份产生矛盾心理,造成缺乏对城市的归属感。另一方面,村民之间本身就相互熟悉,并不积极结交新的朋友,造成城市关系网狭窄单一。由此看出,城镇化集中安置模式看似减少了居民内部矛盾,但更多的形成他们与市民之间的隔阂,不利于构建新的交友圈,反而加大居民之间的距离,从而给彼此带来阻碍。

新式"城中村"高度同质化的社会结构所造成的另一个负面影响,就是对

---

① 费孝通:《乡土中国》,生活・读书・新知三联书店,1985年,第4页。

社区居民人力资本提升的阻碍。实现职业的非农转变是城郊被征地农民适应社区生活的基础。而提升被征地农民的人力资本,无疑是推进劳动力转移的根本渠道。不同于主动城市化的外来务工人员,新式"城中村"村民属于被动城市化。由于新式"城中村"中迁移过来的村民大多受教育程度有限,他们之中更多拥有农业劳动能力,并不具备非农业职业所需技能。此外,城市人口中包含大量的外来务工人员,主要占领大量的劳动技能岗位,再次增加了新式"城中村"居民的就业压力。"劳动者成为资本拥有者是由于劳动者掌握了具有经济价值的知识和技能,这种知识和技能在很大程度上是投资的结果"[①]。虽然人力资本增加对提升劳动技能具有重要的作用,可是其带来的投资收益较慢且难以精确计算,新式"城中村"农村居民需要耗费大量的精力和成本,造成大部分人不愿意参加教育培训。除此之外,调研组认为地方基层政府开展的培训活动应更具规范性,创新组织模式,提高对居民再就业的帮扶效果。[②]

二、邻里效应的持续发酵

简单地说,邻里效应(Neighborhood Effects)是指个人的发展机会和晋升途径很大程度上受到其所处环境的制约,也即"地方作用"[③]。"邻里、社区可改变、创造和保持定居者的价值观、态度和行为,价值观、态度和行为这些派生之物也不可避免地影响着邻里和社区。"[④]通常认为,社会化进程(Socializa-

---

① [美]西奥多·舒尔茨:《人力资本投资——教育和研究的作用》,蒋斌、张茜译,商务印书馆,1990 年,第 2 页。

② 沈阳市 XY 社区和天津市 HM 社区在回迁初期,当地政府都曾经举办过很多就业帮扶类的职业培训,但由于实际效果有限,随意性很强,比如简单的手工艺品制作等培训,导致居民的热情不断下降,最后导致此类培训活动不了了之。目前已经基本停止了类似培训。

③ 李志刚、顾朝林:《中国城市社会空间结构转型》,东南大学出版社,2011 年,第 33 页。

④ 吴启焰:《大城市居住空间分异研究的理论与实践》,科学出版社,2001 年,第 6 页。

tion Process)、社会网络(Social Network)、污名化(Stigmatization)是邻里效应传递和实现的主要途径。

社会化进程指个人对所处地方文化(行为、习惯、信仰、价值观等)的学习并逐渐适应其中的过程。课题组在调研中发现,新式"城中村"村民的再就业状况普遍不够理想,待业和无业则成为常态,即使有些村民实现了再就业,也多是从事社区保安、保洁等薪酬和保障性较低的行业。[1]造成这种现象的原因可以从两个方面来探讨:一方面,因为再就业动力不足。从参照群体理论的角度来说,如果一个人把某一群体作为自己心目中的参照群体,那么就会不由自主地运用该群体的标准和规范来对照和约束个人的行为。[2]另一方面,居民再就业能力不够,城郊被征地农民的人力资本和社会资本较为薄弱,不能为其市民化提供强力的支持,这也进一步加深了他们的边缘处境。此外,新式"城中村"村民在就业时很容易产生参照心理,以及政府在征地时发放一定数目的征地补偿,造成村民产生懒散心理导致再就业动力不足。伴随着"城中村"村民的这种就业心理情况,不仅使社区内居民会产生不满和消极情绪,另外还会在青少年面前产成消极影响,导致他们缺乏学习兴趣。

社会网络主要包括特定区域(主要是低收入群体聚集区)的居民,缺乏广泛的交友圈导致失业、疾病等突发状况发生时对其家庭经济状况会产生巨大的冲击。"一个人的社会网络的异质性越大,网络成员的地位越高,个体与成员的关系越弱,则其拥有的社会资源就越丰富,从而工具性的行动效果就越

---

[1]　在沈阳市 XY 社区的调研中发现,即使在这样一个 2000 年就完成回迁的新式"城中村",相当部分的社区居民"没有一个稳定的工作,基本上都是临时工,工作没什么技术含量"。整体就业状况不容乐观。而天津市 HM 社区作为天津市乃至全国城郊"小城镇"建设的明星典型,村民在经历了回迁新居并领取可观征地补偿款的喜悦后,村民就业等之前被掩盖了的问题开始日益凸显出来。以至于当地政府为了"保护"和继续维持这个正面典型,不得不向市级政府提出多项援助请求。

[2]　参见乐国安、汪建新主编:《社会心理学理论与体系》,北京师范大学出版社,2011 年,第 92 页。

理想"①。或者说，"弱关系的桥梁为人们提供了超越其所属社会圈子借以摄取信息和资源的通道"②。实际上新式"城中村"居民共同来自旧村落，居民之间的熟悉程度和交友圈并未发生较大的改变，朋友圈相对狭窄单一，造成居民在不力的就业环境下主要通过熟人获得就业机会，显然不利于其职业获得和提升。另外随着居民逐渐城市化的改变，村民之间的感情也在淡化，村民之前积累的社会资本也在流失。

污名化实质上是一种非制度化的社会排斥现象，主要用来说明某些社会群体由于不同于其他群体的文化或习惯等受到排斥，并进一步将受排斥群体的形象系统地标签化。在美国，个人的经济机会与社区名声有着紧密的联系，例如在个人求职中的歧视，申请贷款抵押时不被银行受理等。③"城中村"社区居民在城镇化过程中处于就业困难及朋友圈狭窄的状况，导致他们受到城市群体的排斥，"游手好闲""暴发户"等带有贬义的词汇成为常见的评价，污名化现象非常显著。相关研究已经显示，一旦某个特定的社会群体及其集中居住的社区陷入污名化后，通常会严重损害投资者的意愿及期望，最终导致物质环境的进一步恶化，并阻碍新的业主进入。④这一点目前已经有所体现，比较典型的表现是，排除"小产权房"等制度性影响因素，在区位、房型、房龄等相差无几的情况下，新式"城中村"的房产价格仍普遍明显低于周边普通商品

① 卜长莉：《社会资本与社会和谐》，社会科学文献出版社，2005 年，第 32 页。

② 边燕杰：《找回强关系：中国的间接关系、网络桥梁和求职》，载中国社会科学院社会学研究所编《中国社会学（第一卷）》，上海人民出版社，2002 年，第 220 页。

③ See Bruce Wydick, Haemony Karp Hayes and Sarah Hillier Kempf, "Social Networks, Neighborhood Effects, and Credit Access: Evidence from Rural Guatemala", *World Development*, 2011(6):974–982.

④ See Yan Song and Yves Zenou, "Urban villages and Housing Valuesin China", *Regional Science and Urban Economics*, 2012(5):495–505.

房社区。[1]

第四节　居住隔离现象出现的潜在可能性及治理策略

一、新式"城中村"出现居住隔离现象的潜在可能性

由于邻里效应的进一步影响,新式"城中村"有可能与其他城市社区引发更为严重的社会隔离,并进一步促使居住隔离的萌发,因此需要政府加以疏导沟通。居住隔离是指社会群体在空间上的非随机分布,并且形成以某些社会特征为基础的系统性居住模式。[2]居民隔离可以看作城市一种普遍的"城市病",其实质上是社会极化带来的空间变化,是社会结构变迁在空间上的反馈。居住隔离现象严重破坏城市各阶层之间的良性交流与互动,固化和放大了种族、贫富对立情绪,所以可以将此看成破坏社会稳定的隐患。

一般来看,居住隔离现象的形成主要受到各种内在和外在因素的影响。内在因素包括特定区域和社区的社会结构、种族族群构成、宗教信仰、文化认同、教育背景、地缘业缘等。[3]此外,城市规划偏好、社会福利政策,特别是公共

---

[1]　同样作为"大产权"商品房,目前沈阳市 XY 社区周边的民用住宅每平米的价格大致在 1 万元左右,比 XY 社区平均要高出 3000 元左右;天津市 HM 社区("大产权"商品房)的二手房价格大致在 6500 元左右,而周边其他普通商品房的价格基本在 8500 元以上。很明显,区位、房型、房龄等因素已经无法充分解释以上两个新式"城中村"社区的房价与周边社区所存在的巨大差价(约 30%)。

[2]　See Michael J.White,*American Neighborhoods and Residential Differentiation*,New York:The Russell Sage Foundation,1987:82–83.

[3]　See John Iceland and Rima Wilkes,"Does socioeconomic status matter? Race,class,and residential segregation",*Social Problems*,2006(2):248–273.

居住隔离现象的生成机制及其社会影响研究

住房政策等外部因素,也对居住隔离的出现具有一定的诱发作用。[1]改革开放以来,中国部分大中城市原有的以"单位大院"为代表的各阶层、群体高度混杂的共生居住区逐渐消失,取而代之的则是为各阶层、群体量身打造的专属社区,居住隔离现象也开始逐步产生萌芽。[2]相比较西方种族因素占据主导地位的族际居住隔离,[3]中国目前萌发的居住隔离现象主要是受社会分层、个体需求偏好差异(包括地域与民族聚集)、城市规划偏好、保障性住房政策等因素的影响[4]。

新式"城中村"也具有上述描述中的现象,首先在内部因素层面上,高度同质化的社会结构和趋同的文化认同、教育背景、地缘关系等因素,是诱发居住隔离的内在推力。其次在外部因素方面,集中安置模式本身就是城市规划偏好及地方政府市场化原则经营城市空间的必然结果,这就为被征地农民重建村落创造了空间上的可能。尤其在考虑到住房一般具有长效的使用寿命,不同阶级的社会群体一旦形成某种城市空间格局,在短期时间内是很难发生改变的,逐步就会演变成特定的边缘文化。新式"城中村"的村民在社会地位、经济收入、价值观念、生活方式、工作状况等方面具有很强的共性,很容易固化为某种具有易识别性的群体身份标签。长期来看,这种标签化的排斥机制,将有可能导致这一群体偏离主流社会价值观,从被标签化走向整体的被边缘化。

---

① See Pengjun Zhao, "The Impactof Urban Sprawlon Social Segergationin Beijingand A Limted Role for Spatial Planning", *Tijdschrift voor economische en sociale geogerafie*, 2013(5):571-587.

② 参见黄怡:《城市社会分层与居住隔离》,同济大学出版社,2006年,第126~129页。

③ See Sako Musterd, "Social and Ethnic Segregation in Europe:Levels,Causes,and Effects", *Journal of Urban Affairs*, vol.27, no.3, 2000, pp.331-348.

④ 参见赵聚军:《社会稳定的增压阀:对居住隔离现象的政治社会学解读》,《江海学刊》,2013年第6期。

　　此外,邻里效应与居住隔离之间具有相互诱导和强化的作用,[①]这进一步加深新式"城中村"居住隔离现象产生的可能性。邻里效应的不断扩大,加上群体和社区被污名化倾向的出现,新式"城中村"与周边社区的差异性被不断放大,从而成为诱发居住隔离的重要外在推力。此外,居住隔离现象的出现进一步强化邻里效应的影响作用,强化村民的群体认同意识,固化其群体"亚文化"和认同意识,加速群体从被标签化走向整体的被边缘化的过程(参见图3.1)。

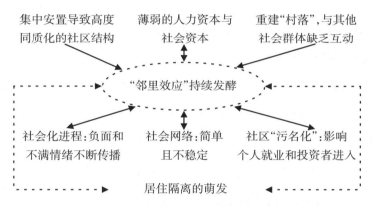

图 3.1　新式"城中村"邻里效应的发酵与居住隔离的萌发

　　需要注意的是,由于受到国外都市村庄研究的较大影响,新式"城中村"一度被部分学者称之为中国的都市乡村。[②]从居住空间来看,两者虽然在一定程度上都反映为"社会孤岛"(Social Isolation),但也存在着一些实质性的差别,而且在一定程度上代表了两种不同的居住隔离模式,即主动隔离与被动隔离。都市乡村本质上属于逆城市化的产物,多是由一些特殊社会群体为了

---

　　① See W.A.V.Clark, "Residential Preferences and Neighborhood Racial Segregation:A Test of the Schelling Segregation Mode", *Demography*, vol.28, no.1, 1991, pp.1-19.

　　② See Him Chung, "Building an image of Villages-in-the-City:A Clari cation of China's Distinct Urban Spaces", *International Journal of Urban and Regional Research*, 2010(2):421-437.

某些共同的爱好或嗜好,而自发组建起来的特殊社区,例如同性恋社区、种族聚集区、作为艺术家聚集区的创意产业园区,乃至"红灯区",大致属于自我主动隔离。①与西方国家都市乡村的自我隔离不同,新式"城中村"正在萌发的居住隔离现象明显属于被动隔离:首先,新式"城中村"本身就是城市规划偏好及相关土地政策共同作用的产物,而不是村民自主选择的结果;其次,相比较都市乡村的逆城市化,新式"城中村"还处在城市化的初级阶段。

二、治理策略探讨

由于本章在新式"城中村"居住空间治理方面的探讨上带有一定的超前性,包括关于居住隔离现象的描述。但并不是说就可以漠然视之,假设不及时采取必要的政策措施,新式"城中村"的居住空间失衡及其可能引发的居住隔离问题将有可能全面升级并趋向固化,甚至可能退化到贫民窟。对于居住隔离的治理,虽然存在一定的争议,②多数研究者还是倾向于提倡通过推进多元混居、构建异质化社区的方式加以缓解和疏导。而且一些经验性研究也证明了多元混居确实有利于消解由于阶层、种族等因素带来的隔阂与矛盾,尤其有利于为青少年的成长创造一个健康向上的空间环境。③

---

① See David Bell and Mark Jayne, *City of quarters:urban villages in the contemporary city*, Aldershot and Burlington:Ashgate Publishing Ltd,2004:194.

② 例如,有研究者就认为按照混居模式安置被征地村民会产生两方面的负作用:对于政府而言,相比较集中安置居住的模式,混居模式在一定程度上提高了管理的难度;对于村民而言,混居模式将会加速瓦解村落的熟人社会,有可能在新的社会网络还未能构建完成的情况下,就已经冲淡了原来以地缘为纽带的社会关系网络。参见张晓明:《混居对农民市民化的影响研究——以 D 市高新区 HK 村为例》,长春工业大学硕士学位论文,2012 年,第 30~31 页。

③ See Maree Petersen and Jeni Warburton, "Residential complexes in Queensland,Australia:a space of segregation and ageism?", *Ageing and Society*,2012(1)60~84;Micere Keels,Greg J.Duncan,Stefanie Deluca,Ruby Mendenhall,and James Rosenbaum, "Fifteen Years Later:Can Reridential Mobility Programs Provide a Long-term Escape From Neighborhood Segregation,Crime,and Poverty?", *Demography*,2005(1):51-73.

第三章　新式"城中村"中的居住隔离现象及其治理

混居理念的核心价值首先是期望通过让不同收入和阶层的居民在邻里层面或者在居住区的空间尺度上共处,形成相互补益的社区,以空间的平等争取社会平等。①相对于被征地居民来说,混合居住的优点在于可以在空间层面与其他市民群体搭建一个公共对话平台,增强其与其他市民群体之间的交流和沟通,增加彼此之间的了解,消除矛盾,促进良好的社区互动。这样不仅可以刺激被征地农民社交网络由内卷式向开放式转变,同时其他社区群体可以作为参照群体引导着被征地农民市民化的方向。

除此之外,由于中低收入社会群体对公共服务的依赖度一般比较高,促进多元混居基本政策实施的目的之一包括形成区域和社区公共服务的均等化。在混合型社区,不同社会群体通过平等地共享公共服务设施,可以加深相互之间的了解和融合。例如,公共休闲体育设施就为群体交流搭建了一个有效的平台,使收入和住房状况各不相同的邻里之间借此发展更广泛的社会关系,促进生活方式的混合。

基层政策导向层面上,未来对被征地农民的安置方式,需要以构建多元混合型社区的基本目标,尽可能避免传统的集中式安置方式。不过多元混合并不是指楼户之间进行混合,在不考虑不同社会阶级在收入水平、消费能力、生活方式等方面存在的客观差异的情况之下,简单地将他们混合居住在一起,反而容易造成心理上的抵触和隔膜。比较合理的方案应该是"大混居小聚居"的插花式布局。"大混居小聚居"是在较大的区域内混合包括被征地农民安置住房在内的各类住房,对于类似地社会属性居民的居住空间主要以小规模组团的方式进行设定。最后不仅形成了有利于各群体间的良性交往,也保持了一定空间距离的效果。

---

① See Doan Nguyen, "Evidence of the impacts of urban sprawl on socialcapital", *Environment and Planning B-Planning & Design*, 2010(4):610-627.

　　对于那些已经成型的新式"城中村"社区,显然已经难以短期内改变其社会结构高度同质化的现状。相对可行的措施是通过不断的疏导,再加上政府和集体经济组织必要的资金投资,逐渐使社区保持一个良好的居住环境。在此基础上。吸引其他社会群体通过购买房产或租赁的方式进入社区,慢慢改变社区社会结构,提升社区的异质化结构。

第四章
保障房空间布局失衡与城市居住隔离现象的萌发

第一节 研究背景与文献述评

一、研究背景

近年来,伴随着房价的持续飙升,住房问题已成为当下中国最受关注的话题。目前,不仅是城市低收入者,甚至是相当部分的中等收入者,都已经无力承受高昂的房价。针对不断升温的房价,政府虽然出台了一系列调控政策,但却收效甚微。在房价持续上涨的情况下,如何解决城市中低收入群体的住房问题,已成为考量政府民生工作的最重要指标之一。在反复调控无果的情况下,政府解决住房问题的着力点已经开始逐步转变,即由单纯依靠调控房价转变为调控房价与大力推动保障房建设并重,甚至更加倚重后者。随着决策层思路的转变,保障房建设也迎来了高潮:2011年"两会"期间,中央政府提出了在"十二五"时期建设3600万套保障房的宏大计划,彰显了解决住房问题的决心。

随着保障房建设黄金期的到来,国内相关研究也掀起了高潮。笔者在中国知网以保障房作为篇名进行检索,发现从 1994—2007 年,相关的期刊论文累计仅 10 篇。从 2008—2010 年的四年间,论文数量开始有了比较明显的增长,累计达 136 篇。但真正的井喷却发生在随后的两年,2011 年和 2012 年检索到的相关论文分别达到了 537 篇和 422 篇,之后的 2013—2017 年五年间,相关期刊论文的数量又开始有所下降,累计共 804 篇。

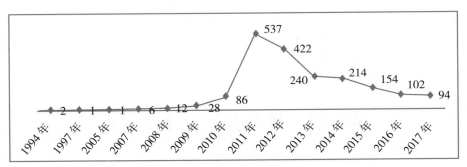

图 4.1　以"保障房"为篇名在知网上搜索到的相关期刊论文
资料来源:中国知网(http://www.cnki.net/)。

二、已有相关研究述评

通过对已有成果的分析,笔者发现相关研究主要集中在两个方面:一方面是立足于宏观层面,讨论住房保障政策本身,这侧重于政策的制定、完善和执行,比如资金配套、申请条件、供给力度、补贴方式等;另一方面是立足于微观层面,分析保障房设计方案,这侧重于空间形态的规划与设计,例如保障房的户型设计、社区规划、空间布局、居住形态等。

总的来看,侧重从政策层面探讨的相关研究主要是从经济学、公共管理学、社会学等学科视角出发,而侧重设计方案分析的相关研究则主要从城市规划的学科视角着手。这里的问题是,由于学科背景的差异,两者之间缺乏必

第四章 保障房空间布局失衡与城市居住隔离现象的萌发

要的交叉互动。然而保障房科学合理的空间布局绝不仅仅是一个单纯的技术问题，而是影响住房保障政策成败的关键因素之一。从一个更远的角度分析，空间布局的失格也许会导致或者加剧一些更深的社会问题，典型如本章将要探讨的另一个主题——居住隔离。虽然目前已有少数研究成果开始考察由于保障房的空间布局弊端所诱发的居住分异与隔离现象，但并没有明确归纳两者的内在联系机理，甚至普遍都未能明确界定居住隔离的内涵。①

简单地说，居住隔离是社会群体的空间隔离进而产生的心理隔离，地理隔离的成因很多，有种族、贫富、宗教、职业、教育背景、生活习惯差异等多方面因素。心理隔离产生于地理隔离之后，是由不同的社会群体居住在各种不同层次的社区中而产生的，甚至这种隔离会演化为歧视和敌对。②例如，南非在废除"种族隔离"制度之前实施的非洲裔外来人员与白人之间的居住区域隔离，就是居住隔离的典型代表。从典型国家的经验来看，在城市化进程中，随着劳动分工，特别是社会结构和贫富的分化，通常会导致城市居民在居住空间上的分化。在市场经济体制下，一定程度的居住空间分化是不同阶层社会经济地位的差异所必然导致的结果。然而，如果这种"分化"朝着"极化"的方向演进，就会脱离良性发展的轨道，直至演化为居住隔离。本质上看，居住隔离现象是社会极化的空间响应。

现阶段国内关于居住隔离的研究大体还处于对国外理论的引进吸收阶段，本土化程度有待提升。总的来看，国内学术界近年来主要从现状、特点、动力机制等方面，对城市居住隔离现象进行了初步的探讨。对于居住隔离现象

---

① 参见闫妍、朱晓武：《英美公共住房制度对我国的启示》，《第四届中国管理学年会——城市与区域管理分会场论文集》2009 年；宋伟轩：《大城市保障性住房空间布局的社会问题与治理途径》，《城市发展研究》，2011 年第 8 期。

② See John Iceland and Rima Wilkes, "Does socioeconomic status matter? Race, Class, and Residential Segregation", *Social Problems*, 2006(2):248–273.

的生成机制,已有研究主要从政府、市场、个体三个层面进行分析。但已有研究普遍将居住隔离的产生主要归结为市场和个体因素,特别是贫富差距和阶层分化的结果。实际上,从典型国家的教训来看,住房保障政策也会对居住隔离的萌发和扩散发挥重要的影响。笔者认为,上述研究现状与我国的保障房建设刚刚起步,其可能引发的各种政策外溢效应还没有充分显现出来,存在着较大的关系。

在国外,种族状况和贫富分化亦长期被认为是居住隔离现象的主要诱导因素,住房保障政策则一直未受到重视。直到 20 世纪 90 年代,部分西方国家在公共住房的建设和规划布局中失策,导致居住隔离产生或愈演愈烈,因此学界开始慢慢将目光投向了研究住房保障政策与居住隔离的关系。[1]虽然上述问题在我国还没有充分暴露,但并不妨碍我们做未雨绸缪的前瞻性分析,从而为避免重蹈西方国家的覆辙提供些许有益的建议。本章的主要工作是在对国外典型国家的经验教训进行总结的基础上,归纳出现阶段我国大城市保障房的空间布局特征,进而探究分析可能存在的问题,以及由此可能导致的对居住隔离现象的诱发和扩散作用。

第二节　住房保障政策与居住隔离的扩散：
基于典型国家的教训

在讨论欧洲国家的居住隔离时,除了贫富分化和种族因素,住房保障政策也是不容忽视的因素,典型的如法国和英国的公共住房政策对居住隔离的

---

① See Samantha Friedman, Hui–shien Tsao and Cheng Chen, "Housing Tenure and Residential Segregation in Metropolitan America", *Demgraphy*, 2013(4):1477–1498;Robert M.Adelman, "The Roles of Race, Class, and Residential Preferences in the Neighborhood Racial Composition of Middle–Class Blacks and Whites", *Social Science Quarterly*, 2005(1):209–228.

催发和扩散作用。^①

一、种族因素和公共住房政策共同诱发的法国居住隔离现象

　　法国城市居住隔离现象的蔓延,可以说是种族因素和公共住房政策共同作用的结果。近代以来,法国一直是北非、中东等地区移民的主要目的地,特别是二战结束以来,移民数量更是迅速增加。外来移民起初主要散居于法国裔公民之中,且主要集中于巴黎等少数城市周边,并没有形成大规模的居住分异和隔离。但随着移民数量的持续增加,移民的自我聚集加上政府和原住居民的歧视,使得居住隔离现象持续升温。特别是 20 世纪 80 年代法国政府开始实施的公共住房改造计划,更是从客观上加剧了这一趋势的蔓延。公共住房改造计划的初衷是希望通过拆除、改造一部分廉价公共住房和老旧住宅,达到改变某些社区单一的低收入社会成员构成,提高贫富社会群体和种族之间在居住空间的混合程度,促进社会融合。^②然而现实的结果却是,得益于这一计划,巴黎等城市的法国裔公民纷纷搬离郊区,而移民家庭由于经济收入较低,普遍无力承担购房费用,再加上计划实施中实际存在的歧视行为,大部分只好继续留在郊区。

　　这样经过一段时间的演化,巴黎等城市周边的部分区域逐渐形成了贫困移民聚集的"敏感街区"。在这些街区,贫困与犯罪并存,生活环境和公共服务质量低下,已成为法国群体性骚乱的主要策源地,严重威胁社会的稳

---

　　① See Lance Freeman, "Minority Housing Segregation: A Test of Three Perspectives", Journal of Urban Affairs, 2000(1): 15-35.

　　② 参见[法]米歇尔·米绍:《法国城市规划 40 年》,何枫、任宇飞译,社会科学文献出版社,2007 年,第 132 页。

定。①在一定程度上，2005 年的巴黎大骚乱就可以被视为上述社会矛盾的一次集中爆发。在此次骚乱中，巴黎市郊一些聚集了大量中东、北非移民的公共住房社区，"理所当然"地成了骚乱的主要策源地和重灾区。

二、主要由公共住房政策诱发的英国居住隔离现象

除了法国，英国是另一个因为公共住房建设和改造诱发和加剧居住隔离现象的典型欧洲国家。二战结束后，由于战争的破坏，英国的住房资源非常紧缺，英国政府为了解决这一问题，在战后陆陆续续地建设了很多公共住房，租住给中低收群体。由于普遍选址于偏僻的市郊，进而在一些城市周边形成了集中连片的大规模公共住房社区。再加上户型设计较差，且缺乏有效的管理和后期维护，使得经济状况有所改善的居民从 20 世纪 80 年代开始，出现了大规模的搬离浪潮，极端低收入者则被沉淀下来，以至于很多公共住房社区目前已经沦为新的城市贫民区。②具体来看，1979 年英国约有一半的家庭生活在公共住房中，其中"零收入家庭"仅占住户总量的 11%。而到了 2004 年，"零收入家庭"的比例已经上升到了 69%。③显然很多公共住房社区已经陷入了贫困聚集的泥潭，并呈现恶性循环下降的过程（参见图 4.2）。

① See Stephen P.Jenkins, John Micklewright and Sylke V.Schnepf, "Social Segregation in Secondary Schools: How does England Compare with other Countries?", *Oxford Review of Education*, 2008(1): 21–37.

② See Philip Noden, "Rediscovering the Impact of Marcerization: Dimensions of Social Segregation in England's Secondary Schools, 1994–99", *British Journal of Sociology of Education*, 2000(3): 372–390.

③ See Alan Berube, *Mixed Communities in England: A US Perspective on Evidence and Policy Prospects*, York: Joseph Rowntree Foundation, 2005: 11.

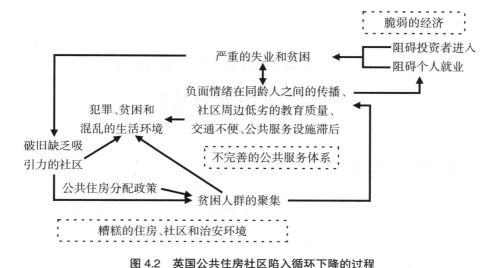

图 4.2　英国公共住房社区陷入循环下降的过程

资料来源：Prime Minister's Strategy Unit. *Improving the Prospects of People Living in Areas of Multiple Deprivation in England.* London：Prime Minister's Strategy Unit,2005：9.

　　随着贫困和失业人口的聚集，导致英国公共住房社区的犯罪率迅速上升，反社会思潮盛行，部分已经沦为贫民窟式的"黑色街区"。例如，位于伦敦北郊的托特纳姆大区，就是伦敦较为集中的公共住房聚集区。同时，托特纳姆大区也是伦敦外来移民，特别是加勒比裔外来人员和非洲裔外来人员的主要聚集区域。作为公共住房和外来移民的汇集区，托特纳姆大区已俨然成为英国乃至欧洲极具代表性的"问题街区"，也成为世人透视英国居住隔离现象的基本参照。虽然距离伦敦市北仅数英里，但托特纳姆却是伦敦失业率最高和最贫困的地区之一，超过 1 万名当地居民主要靠领取失业救济金度日，在犯罪率方面，大大超出伦敦地区的平均水平；在居民平均寿命方面，比起伦敦的平均值也要降低大概五年。[①]正因为如此，在 2011 年的伦敦大骚乱中，托特纳

---

　　① 　See Prime Minister's Strategy Unit,*Improving the Prospects of People Living in Areas of Multiple Deprivation in England*,London：Prime Minister's Strategy Unit,2005：8.

姆地区成为主要的策源地和骚乱最严重的区域,似乎也就不足为奇了。

第三节 住房保障政策与居住隔离的萌发: 基于中国大城市的现状

一、保障房住房的规划布局特征及其成因

保障性住房是指由政府提供、为了解决城市的中低收入者们的住房问题而限定各项标准、价格或租金的住房,主要包括经济适用房、限价房、廉租房和公租房。有学者通过对北京、上海、南京、武汉和广州五个国内代表性大城市保障房分布区域的分析比较,将其规划布局特征概括为三个方面:一是选址偏远,主要规划建设在城市偏远的郊区和城乡接合部。二是大规模集中连片建设,进而导致低收入群体在空间层面的聚居。三是配套设施不完善,周边就业机会严重缺乏,基本公共服务设施滞后。①而且越是在特大型城市,上述特征表现得越明显。

住房保障政策的目标曾被形象地概括为"安居乐业",但就上述规划布局特点来看,政策实施的重心实际上仅仅停留在了"安居"层面,"乐业"的目标则大打折扣。究其原因,保障房社区的上述规划布局特征一定程度上是地方政府市场化原则经营城市空间的必然结果,实质上反映的是城市空间生产与空间消费之间的矛盾:一面是资本增值的诉求,另一面是中低收入群体生活的诉求;一面是土地的交换价值,另一面是土地的使用价值。这些诉求和

---

① 参见宋伟轩:《大城市保障性住房空间布局的社会问题与治理途径》,《城市发展研究》,2011年第 8 期。

价值间存在着难以调和的矛盾,矛盾斗争的通常结果多是民生需求败北于经济利益。[1]

一方面,目前各地的保障房主要依赖增量市场,多数为新建成的住房。在严重依赖土地财政和中心城区土地出让价格持续飞涨的背景下,中心城区和郊区巨大的级差地租和保障房本身的公益特征,使得地方政府为了减少财政损失,更乐于将保障房社区选址于地价较低的城市偏远地带和城乡接合部。虽然上述空间布局有利于降低住房成本,但由于就业机会、优质的教育和医疗等公共服务资源大多集中在中心城区,低收入家庭的通勤成本随之大大增加。就此来看,入住保障房社区对中低收入家庭社会福祉的提升程度实际上是有限的,这也是近期各地保障性住房的空置率一直居高不下的主要原因。[2]

另一方面,中央政府的相关政策只对各地的保障房建设提出了具体的数量要求,而在选址、公共服务配套等具体的细节方面却缺少硬性规定,这些缺失和模糊为地方追求自身经济利益最大化行动提供了运作空间,地方政府会集中连片地将保障房社区布局于位置偏僻、配套缺乏的地段。

二、不合理的规划布局对居住隔离现象的催化作用

从英、法等国的教训来看,我国大城市保障房选址偏远、集中连片建设和配套设施滞后的整体规划布局特征,将有可能对居住隔离现象的出现和扩散发挥催化作用。具体来看,保障房社区居民在居住空间和社会地位两个层面双重边缘化,这是催化作用得以发挥影响的主要原因。

第一,上述空间布局特征加剧了城市居住空间的失衡。一方面,地段优

---

① 参见孙施文:《现代城市规划理论》,中国建筑工业出版社,2007 年,第 343 页。

② 参见刘元旭、傅勇涛、侯大伟:《四省空置五万套保障房频演"空城计"》,《经济参考报》,2013 年 8 月 8 日。

越、公共服务设施便利的地段逐渐朝着"富人区"方向迈进,而随着作为中低收入群体聚集区的保障房社区向城市边缘区域的扩散,贫富居住分异的空间格局愈发明显。如果不对这一空间格局加以适时的疏导,最终将有可能形成贫富泾渭分明,乃至相互对立的居住格局。

第二,居住空间的边缘化又会进一步导致居民社会地位的边缘化。作为社会结构非良性分化的重要体现,部分群体社会地位的边缘化主要体现为保障房社区居民在公共需求方面被忽视,并且获取信息也很困难。这样会损害这部分居民的公共需求利益,他们在交通、教育等基本公共服务需求难以获得高水平的供给。信息获取困难原因在于类似保障房社区这种边缘化、同质化的社区,其间的居民在社会关系网方面主要面向与其经济社会地位相当的中低收入者,社会交往的限制使他们难以获得来自其他社会群体的信息,进而导致其在就业机会、层次和范围等方面都因此受到制约。

综上所述,不仅是居住空间边缘化,在社会地位方面也日渐边缘化,这种双重边缘化让这些高度同质化的保障房社区的社会空间逐渐极化,与其他群体的交往也因为空间和经济社会地位等因素的影响,受到了明显的制约,以至于最终形成新的居住隔离。

三、保障房社区空间布局的社会影响分析

第一,社会分层和贫富分化的标签化。住房是耐用型资产,大部分有较长的使用寿命,因此城市的居住空间格局在较短时间内是很难发生大的改变。对于低收入群体尤其如此,某一位置偏远的保障房社区被安置后,由于这部分群体的经济实力较弱,进一步限制了其在居住空间上主动变化,因此在相

当长的时期都不会有太大改变。久而久之,特定的地缘文化就形成了。[1]因此,在空间布局上保障房集中连片建设于城市边缘地带,将原来散居于各个区域的低收入群体聚集起来,这些低收入群体在社会地位、经济收入、价值观念、生活方式、工作状况等方面情况类似,而与其他社区居民存在着显著差异,这就使得他们在居住空间方面极易识别,易于固化为群体的空间身份标签,无异于将原本已经十分严峻的贫富差距放置在显微镜之下。长期来看,这种标签化的排斥机制,将有可能导致低收入群体偏离主流社会价值观,从标签化走向整体的边缘化。

第二,贫困的聚集和再生产。城市的空间格局本质上是社会资源和发展机会的分配。低收入群体比起中高收入群体更为依赖交通等公共服务设施,与此相对的却是现实中国保障房社区的基础配套设施仍需进一步完善。这种公共服务设施的缺乏进一步增加了保障房社区的低收入群体的生活成本,这必将影响社区的发展,使贫困的聚集和再生产成为可能。事实上,英、法等西方国家在公共住房建设方面已经给出了一条重要经验,大规模、高密度、高强度、边缘化的公共住房建设在短期内解决低收入群体的住房问题方面能节省较多的成本,但并不能从根本上提升这一群体的社会福祉,反而极易于生成新的贫民区。

第三,阻塞社会流动。社会的公平和活力来自能够持续公平地向经济社会地位较低的社会成员提供向上流动的机会。在现实生活中,底层社会群体改变命运主要是依靠代际流动来实现的,教育则是实现向上流动的主要推力,不公平的教育资源配置对于纵向社会流动的伤害是非常致命的。当前,我国大中城市在学区制度上采用就近入学制,优质的教育资源主要集中于中心

---

[1]　参见徐琴:《制度安排与社会空间极化——现行公共住房政策透视》,《南京师范大学学报》(社会科学版),2008 年第 3 期。

城区,而位置偏远的保障房社区在教育资源配置方面大多较差,这导致保障房社区低收入群体的子女所获得的教育质量普遍较低,为这部分群体向上流动造成阻碍。

第四节 结论与对策

一、治理导向:倡导多元混居的异质化社区建设

由于城市化进程的高速发展,社会结构重组和社会贫富分化现象不断加剧,以及住房保障政策因素的催化作用,导致居住隔离现象已经逐步产生扩散的态势。与欧美一些国家相比较而言,我国的居住隔离现象尚且处于萌芽状态,但是不能漠然视之。吸取西方欧美国家的经验教训,政府需要采取及时有效的政策进行干预。此后再历经 15~30 年时间的沉淀发展,中国部分大城市的居住隔离现象可能发展为全面固化的状态,导致部分低收入者聚集,进而成为滋生犯罪和群体性事件的发源地。所以为了保持城市良好的发展状态,维护社会的和谐稳定,政府需要制定出相应的政策措施。大致来说,这些政策需要倡导和推进“以人为本”的多元混居异质化社区建设、强调城市规划中的公共利益本位、强化对房地产市场的调控与引导、制定合理的人口容量和分布战略等。构建多元混居的异质化社区本质上是为阶层间的良性互动搭建一个公共平台,对于居住隔离的治理具有最直接的政策意义。多元混居模式包括社会结构、公共服务设施和建筑样式的混合三个主要层面。

第一,社会结构的混合。各阶层在特定空间混合居住,这是推动多元混居的基本前提。社会结构的混合是为了能在不同阶层间搭建一个供对话交流以便消弭误解的公共平台,以此促进阶层融合。但是不同社会群体在收入水平、

消费能力、生活方式等方面的差距是现实存在的，简单地混居易造成心理上的抵触和隔阂，因此多元混居并非要在楼户层面和每个商品房项目中混合。"大混居小聚居"是相对合理的方案，即在较大的区域内混合规划各类住房，在区域内部配置方式上，采用相似社会属性居民小规模组团。以插花式布局保障房社区，在不同区位开发小型保障房社区，或在较大的商品房项目中配建一定比例的保障房社区。这样一来不同的社会心理需求都能得到满足，不同社会阶层的接触与交往变得更加便利，但又能保持一定的空间距离防止抵触和隔阂。

第二，公共服务设施的混合。推广多元混居政策的目标之一就是促进阶层间的公共服务均等化。综合前文的分析描述，中低收入群体对公共服务的依赖度相对较高，例如公共交通对于不使用私家车的家庭就显得尤为重要，而教育资源的缺乏则容易在低收入群体聚集的社区产生贫困的再生产现象。现实中的实际情况与理论预期相反，居住隔离现象会进一步带来不公平、不均衡的公共服务资源，而优质的公共服务资源在区位上大多接近"富人"社区。推动多元混居的基本政策目的之一，就是通过打破富人区和穷人区泾渭分明的空间现状，促进公共服务资源的均等化配置。此外在多元混居的社区，不同的社会群体通过平等地公共服务设施，亦可以促进相互之间的了解和融合。例如，公共文化体育设施就为各社会群体的相互交流搭建了一个有效的平台，使收入和住房状况各不相同的邻里之间借此发展更广泛的社会关系，促进生活方式的混合。

第三，建筑样式的混合。由于不同社会群体住房的需求不同，导致混合居住模式下的住宅呈现多样化的建筑形式。从建筑学的视角来看，在一个较大的混合型社区，不同类型建筑风格的混合，实际上避免了千篇一律的建筑样式，有利于从视觉上形成丰富的社区景观，整体提升居住环境。不过需要注意的是,对于保障型住房的混合型社区,因其受限于户型较小等因素,造成其与其他商品房存在一定差异,不过这种差异必须控制在一定的范围内。

二、在我国的保障房建设中推广多元混居模式的可行性分析

在普通住宅项目中配置一定份额的保障房当前已被广泛践行。从欧洲国家过往经验教训来看,在公共住房建设方面由过去的集中与整体开发走向了分散与开发配建。例如,德国政府要求新建住宅区中20%的房屋必须被建为福利用房;英国在新建住宅项目时,要求低收入居民住房占总量的15%~50%;法国规定建设廉租住房的比例占总住房面积的15%~20%。[①]但我们同时需要了解的是,无论是在国内还是国外,在阶层矛盾较为尖锐的情况下,推广多元混居都具有一定的难度。相较于西方国家,我国具有很多推广多元混居的先天优势,主要表现在社会分层现状、居住空间分布格局、各阶层居民的心理接受程度这三个方面。

第一,阶层分化尚未走向极端是推动多元混居的社会基础。如前文所述,严重的种族和阶层对立是产生居住隔离的主要推力。改革开放以来,随着经济和社会体制转型,我国经历了大规模的阶层分化与重组,但阶层矛盾整体仍处于可控范围。至于种族因素,则向来都比较缓和。与西方国家相比,我国的阶层矛盾尚处于可控范围之内,而种族问题也较缓和,这对于推广多元混居模式是有利的。

第二,推动多元混居的空间基础之一是市区与郊区的双重繁荣。二战结束后,西方国家城市化进程的一个重要特点就是郊区化趋势,郊区的繁荣与中心城区的衰落同步进行。改革开放以来,中国的城市化进程与西方国家存

---

① 参见田野、栗德祥、毕向阳:《不同阶层居民混合居住及其可行性分析》,《建筑学报》,2006年第4期。

第四章　保障房空间布局失衡与城市居住隔离现象的萌发

在着很大的差异,呈现出市区与郊区双重繁荣的特征。一方面,中心城区虽拥有便捷的交通和齐全的配套设施,但住房价格较高,随着私家车的普及和郊区所具有的较好的居住环境,大量高档住宅也在郊区出现了,市区和郊区呈双重繁荣的态势。另一方面,新建保障房社区出于成本考虑大多选址于郊区,但大量破败的老旧住宅、"城中村"以及少量的保障房社区也存在于市区,在我国很多大中城市,高档楼盘和"城中村"呈交错分布的区位形态。因此,无论是在市区还是郊区,低收入群体均有一定的分布,这不同于部分西方国家大规模的贫困区聚集状况。这种居住空间布局构成了推动多元混居的空间基础。

第三,计划经济时代单位制社区的盛行构成了推动多元混居的心理基础。城市居民在计划经济时期的阶层和收入差别很小,更多的差异是在职业和职位方面,这一历史原因让城市的居住空间相对均质化,典型的代表如单位大院。在单位大院内部,居民由于职务、等级等因素的差别,也存在住宅面积、户型、楼层、朝向等差别,从而使大院内部呈现出多元异质化的居住状态。或者说,在计划经济时代,多元混居模式就已经存在于各式各样的单位大院内。现在由于市场经济的推行,再加上住房商品化改革,单位大院开始逐步淡出人们的视线,但1990年之前出生的城市居民大多有过单位大院的居住经历,他们形成了更易接受各阶层混合居住的心理准备,从而成为推动新型多元混居的心理基础。

第四,公共租赁房的出现和推广有可能成为推动多元混居的重要转机。虽然在现行的住房保障体系中,公租房是近几年才出现的新类型,但已经被明确界定为未来保障房建设的主要形式。与以往各类保障房主要保障低收入群体的住房需求不同,公租房主要面对城市的"夹心层"。"夹心层"大部分不属于城市贫困人口,但却无力承担日渐高涨的房价,且不符合廉租房、经济适用房等其他保障房的承租或购买资格。实际上,"夹心层"群体很多都是处于事业起步阶段的年轻人,他们其中的很多人在学历、职业、收入等方面都具有较强的后发优势,是标准的白领阶层和日后的中产阶级。以公租房作为载体的"夹心层",可以在贫富阶层之间发挥积极的缓冲作用,成为缝合中高收入群体和低收入群体之间裂痕的黏合剂:一方面,他们可以成为影响和带动保障房社区中其他低收入者积极进取的榜样;另一方面,将以"夹心层"为主要承租对象的公租房配建到普通商品房社区,也有利于各群体居民的和谐相处。

第五章
城市居住空间分异的演化机制:以沈阳为例

第一节　研究背景与方法

一、研究背景

伴随着改革开放以来快速推进的工业化和城市化进程,中国的社会结构也开始了大规模的分化重组。在这一过程中,城市社会分层逐渐从政治分层过渡为经济分层。与此同时,在贫富差距逐步拉大的过程中,社会分层也在潜移默化中走向极化。社会分层的极化映射在空间上就是居住空间分异、甚至是居住隔离。整体来看,中国的居住空间分异是伴随着城市化发展的不可避免的自然过程,适度的居住空间分异是城市化发展的正常现象,不过如若放任其发展,则很有可能发展为恶性居住分异,甚至是居住隔离。

本章以沈阳市的居住空间分异为基本研究对象,结合文献研究与实地调研获取的一手资料,主要从城市居住空间的初步形成、同质性社区形成、居住分异与隔离的演化趋势三个阶段,探究居住空间分异的形成原因,着重关注该过程中诸如邻里效应、过滤作用等机制对于居住空间分异进一步向居住隔离演化的影响作用。之所以选取沈阳作为研究案例,主要是考虑到了沈阳有着悠久的城市发展历史,历史的积淀形成了影响至今的空间格局,且沈阳是典型的老工业城市,是近代以来受军阀统治、殖民侵略统治较长,可以作为这一时期类似城市的典型代表。而且沈阳也是计划经济时代打造出的重工业城市,计划经济的烙印依然显著。而现今作为东北地区的政治、经济、文化、金融中心的沈阳,又走在了东北地区经济发展的前列,城市化水平较高,在城市化进程中出现了一些问题。基于以上原因,我们认为沈阳具有较高的研究价值和一定的代表性。

居住隔离的形成不是一蹴而就的,而是有其形成的深刻原因和逐步推进的演进过程。因此,对待居住隔离不能以固定或单一的眼光去分析,而要用动态、过程研究的方法去分析。基于上述考虑,本章将主要以动态发展的视角,按照沈阳初步形成的空间布局、城市化带来的社会分层在空间上的聚居、过滤作用及邻里效应的加剧三个过程分析居住空间从分异形成到演化为隔离不同阶段的作用机制,淡化了文化、种族、宗教等静态的"点"对于居住隔离形成的影响。

二、研究方法

在研究方法方面,本章主要采取文献研究与半结构性访谈、实地观察相结合的模式。文献研究不接触研究对象,能利用第二手资料进行研究,具有明显的无干扰性和无反应性。根据所用的文献类型的不同,文献研究有内容分析、二次分析和现存统计资料分析。考虑到我们将会用到报刊、官方统计资料等文献类型,因此我们选用内容分析用于对报纸、杂志等大众传媒信息的分析;用二次分析对其他研究者先前收集的数据进行再分析和研究;用现存统计资料分析的方式对官方统计资料进行分析。因此，通过文献研究的方法，我们得以将社会极化理论与城市社会空间结构理论作为理论基础，充分发挥报刊、官方统计资料、历史文献等常用文献类型的作用，对我国居住隔离的典型案例进行文献研究和分析。

　　不同于上述两种定量研究方式，实地研究是一种具有定性特征的研究方法，研究的效度较高且比较灵活、弹性较大。实地研究包括观察参与法和访谈法，我们将在选取的调查点采用这两种方式进行研究。其中访谈的方式包括当面访问法和电话访问法，考虑到调查回答率、调查资料质量、调查对象的适用范围等因素，我们选择了当面访问法。具体来看，我们采取了判断抽样的方法，选取沈阳较具代表性社区作为调查地区，并最终确定为西窑、北塔、西塔、北一路、市图五地为调查点，并选取典型性较强的社区，主要访谈对象为了解社区整体情况的社区主任及社区工作人员。

第二节　沈阳城市空间结构的演变过程

一、沈阳的社会经济发展状况

　　沈阳是辽宁省省会，副省级城市，是中国东北地区经济、文化、交通和商贸中心。全市国土面积 1.3 万平方千米，常住人口 822.8 万，下辖包括和平区、沈河区、大东区、皇姑区、铁西区、苏家屯区、东陵区、沈北新区、于洪区在内的 9 区，辽中县、康平县、法库县、新民市在内的 4 县（市），拥有 3 个国家级开发区。①沈阳在中华人民共和国成立后逐步发展为中国最重要的以装备制造业

---

① 中国沈阳政府网：http://www.shenyang.gov.cn/wssy/system/2012/08/06/010000441.shtml。

为主的重工业基地,而在改革开放后沈阳凭借着良好的区位优势以及雄厚的工业基础又走在了经济发展、城市化进程的前列,成为振兴老工业基地的先行者。沈阳作为东北地区的中心城市,在经济快速发展,城市化不断加深的同时,也难以避免地出现了一些在转型时期的高速发展而暴露出城市化弊端、社会阶层非良性分化等隐患,基于以上考虑笔者将具有代表性的老工业城市沈阳作为研究对象,试图在探究沈阳出现的问题的同时给所有发展、转型中的老工业城市提供一定的借鉴。

二、沈阳城市空间结构的变迁过程①

居住隔离是社会结构变迁在空间上的反映,因而脱离沈阳城市结构变迁、布局改变,而单独研究居住隔离的成因、发展、后果等是无法进行的。所以要对沈阳城市可能存在的居住隔离状况进行深入的研究,便不能忽视历史上沈阳城市结构的变迁。沈阳发展至今大致经历了萌发阶段的明代卫城、成熟时期的清代盛京、近代繁荣的奉天、中华人民共和国成立后工业发展区域中心等几个历史阶段。

(一)最初的轮廓——明清时期的城市建设

沈阳是一座历史悠久的文化名城,由于处在平原之上、辽河水系之间,良好的区位条件使沈阳的源头可以追溯到距今 7200 年前的新乐文明为代表的新石器时期。沈阳的城市历史则可以追溯到公元前 300 年的战国时期,随后朝代更迭、战争频仍,直到明代沈阳城市的位置及格局才基本确定下来,而清初定都沈阳促使沈阳城市建设发展迎来第一次高潮。

在这之前沈阳这座城市先后经历了军事哨所(燕斥候所)、军事要塞(汉

---

① 城市空间结构:可以理解为城市经济、社会结构在空间上的反映,是城市要素在空间范围内的分布与组合。

代候城）、军事私城（辽沈州）、交通枢纽（金沈州）、区域重镇（元沈阳路、明中卫城）等发展阶段。西汉一直至明代，沈阳城呈十字形连通东南西北四个城门，十字街道也将城市分割为四个街坊。1625 年清太祖努尔哈赤决定迁都沈阳，沈阳开始以后金都城的面貌出现，城市被重新规划建设。1632 年在皇太极的主导下，沈阳开始新一轮的扩建，城市的形态也由十字街改为井字街，城区被分为九个街坊。1634 年改沈阳为盛京，1636 年定国号大清，盛京为皇城。此后盛京城先后修建清昭陵、福陵，建四塔四寺，并于 1680 年建设圆形外郭，形成内方城、外圆郭，配以井字形街道的城市形态。

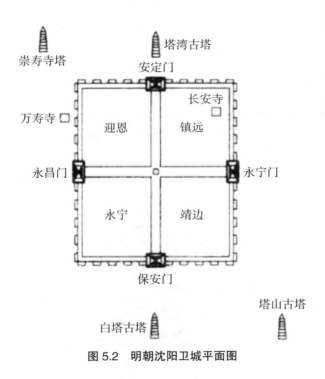

图 5.2 明朝沈阳卫城平面图

居住隔离现象的生成机制及其社会影响研究

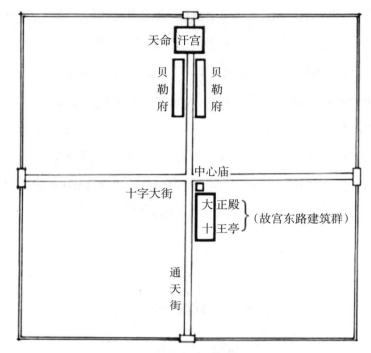

图 5.3　努尔哈赤城市平面图

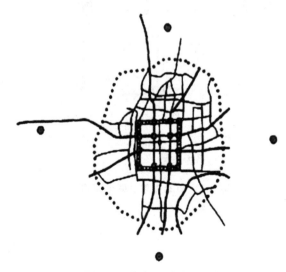

图 5.4　清末沈阳城市形态

78

可以说皇太极主导的一系列规划建设为沈阳后来的城市构造奠定了基础，时至今日影响依在。百年中对于这一区域的建设从未停止，如今这一区域成了沈阳市的老城区，亦是市中心所在，交通便利、经济发展迅速，随之而来的也是其高昂的地价。对于这一点，当初清王朝皇宫所在地，今日的沈阳故宫最具说服力，如今围绕故宫的是沈阳最繁华的商业街——中街——毫无争议的黄金地段、市中心区域。

（二）区域功能的初步形成——近代沈城的曲折发展

近代的沈阳形势复杂，成为各方势力争夺之地，而城市的建设权也不再集于一家之手。此间除了老城区之外，还形成了日本侵略者组织建设的满铁附属地区域，军阀张作霖主持修建的商埠地，为了对抗日本侵略者干扰而建设的民族工业区，以及日本侵略者满足自身利益所建设的铁西工业区等几个新区域。这也基本完成了沈阳各区域的功能分布，很多也是沿用至今，同时也产生了许多后果，对日后该区域的发展方向等都有莫大的影响。

满铁附属地区以沈阳站为中心，有三条放射路通向老城区，区域规划采取巴洛克式放射路网与方格路网相结合，同时配套建设了绿地公园（如千代公园），从南五马路之中三路路段道路两侧建设了一系列小型的商铺、办公地。该区域系统建设了排水、煤气、上下水等基础设施以及医院、邮局、图书馆、住宅区、工商业店铺等公共服务设施，是沈阳最早建设此类设施的区域。由于良好的基础设施，该区域对中外居民形成了强大的吸引力。满铁附属地区现在大部分处于和平区内，这一阶段对于工商业的发展，使和平区至今仍然是拥有太原街等商圈的市辖区，而基础设施、公共服务设施的建设也为现今的和平区奠定了良好的设施基础，有着很强的公共服务能力。

商埠地是张作霖主持建设的，处于老城区与满铁附属区之间。规划之时便分为正界、副界、预备界。正界东起青年大街，西至和平北街，南起十间房大街,北到十一纬路,呈不规则形状。北正界在原北孤家子村和皇寺一带,多为中国商民经营和居住,故而工商业规模较小,较少有雄厚资本流入。北正界以北市场商业区为中心聚集各色商铺及金融机构。值得一提的是,当时的这一区域也是中低社会阶层较为集中的一个聚集区域,西塔附近的朝鲜族聚集区也在这一时期初步成型。相较于正北界,正南界的交通条件更为便利,因此发展速度更快。尤其是美国、日本、俄国、法国等国家的领事馆纷纷入驻和大量商业地块的开发建设,进一步加快了正南界的发展。很快,在正南界的三经街、二纬路一带逐渐演变为使领馆区。在使领馆和商埠纷纷入驻正南界的同时,大量的中下层市民也开始涌入正南界。但是当时涌入的市民主要居住在副界,住宅类型则多为多户人家杂居的大院,甚至是更为简陋的"趟子房",整体的基础设施水平非常低。由此可以看出,居于此处的中国人民居住生活质量较低,事实上这一阶段受国家、各方割据势力的影响,已经形成了一定程度的居住隔离。

民族工业区域的建设与张作霖避免日本干扰,并与日本权利抗争的想法相关。基于此,他将城市发展中心转向东和北两个方向。在东边规划建设了大东新市区(军事工业区,核心是东三省兵工厂),在北边规划建设了惠工工业区(今沈阳北站、惠工广场附近)、沈海市场区。这里值得我们注意的是,为了方便东三省兵工厂的发展,解决兵工厂较为偏远,不便工厂职工的生活等问题,东北当局先后兴建起了一定数量的职工住宅区,并逐步配建了学校、医院、公园等公共基础设施,从而最终形成了附属于东三省兵工厂,但具有城市生活区基本特点的长方形新城区——大东新市区。这也是沈阳较早的一块与工业配套发展的居住区。

铁西工业区是日本侵略者在铁路西侧开辟的占地面积11.5万平方千米的区域。以现今建设大道为界,北侧划为工业区,南侧划为居民区,铁西区内部工业建筑集中连片，规模十分宏大。而这种"南宅北厂"的工业布局方便了工业区的建设，提高了生产效率。但铁西区的劳工安置厂房道路低洼，交通不便，环境恶劣，聚居的也是社会底层的劳动者。这样的铁西区持续了相当长的一段时间，时至今日铁西区内的一些老旧小区、早期厂房家属楼，依然是低收入人群的聚居地，是课题组关注的居住隔离可能萌发的地点之一。但铁西区工业的发展也为沈阳成为新中国重工业基地奠定了基础。

(三)计划性建设——新中国成立后沈阳城市空间的发展

新中国成立后对沈阳城市影响深远、至今未消的制度便是计划经济和单位制。新中国成立后，沈阳凭借着日本侵略时期奠定的良好工业基础，被选定为国家重点建设的工业城市。在新中国成立初期，一五计划中的 156 个重点项目有 5 个落户沈阳，使得沈阳的工业结构更为完整，并直接加速推动了铁西工业区、沈海工业区、北陵工业区的建设进程。这一时期的沈阳是全国名副其实的工业中心城市。为了配合工业建设的推进，沈阳市加快了职工住宅、交通、学校等公共基础设施的建设，在一环以内先后建成了铁西、东塔、三台子三个大型工人村。

"文革"时期，沈阳与全国其他城市一样，城市发展完全陷入停顿和混乱状态之中，城市建设基本无规划，建筑密度迅速膨胀，住宅建设见缝插针，居民区内私搭乱建现象严重，甚至出现了小学校园内盖工厂等极端现象。这一时期的沈阳总体呈现出向郊区扩展的态势，先后在城市的外围区域建成了新城子、陈相、三台子三个卫星工业城镇。

改革开放以后，尤其是 20 世纪 90 年代以来，沈阳与全国很多城市一样，开始经历大规模的城市改造更新。沈阳市的城市改造是从大型棚户区和危旧房改造开始的。起初沈阳居住环境整改完成得并不彻底，很多老旧居民区成了沉淀低收入阶层的聚居地，为社会留下隐患。接下来的一段时间沈阳城市迅速发展,打破了原有的第二产业发展的单一模式,城市不断膨胀,甚至一度饱和,引发了一系列的社会问题。

新时期,为了解决城市压力,优化城市布局,沈阳提出了四大空间发展战略,"西进、东优、南拓、北统"的形态格局不断推进。在此基础上,沈阳又进一步提出"一城两轴、六带六楔、多中心"的城市发展模式。建设金廊银带,即贯穿主城南北的都市轴(中央都市走廊)和贯穿城市东西的浑河生态轴,以沈大、沈山、沈哈、沈丹、沈抚、沈康六条交通轴及中间楔形区域使沈阳辐散发展,力图形成多种新的发展模式。

第三节　沈阳居住空间分异的基本形态

课题组在调研中,走访了沈阳市皇姑、铁西、和平、大东四个市辖区的5个社区,社区所在位置,既有城中心、也有城市周边,类型也涉及了工人村、单位房、老旧社区、民族聚居社区、城市化过程中的城边新区、中高档住宅区等多个类型,比较具有代表性。依据课题组在调研过程中获得的相关信息,我们认为,目前沈阳市确实存在着较为明显的居住空间分异状况,且有继续加剧的趋势,但并未形成极端固化的居住隔离。目前沈阳并未出现极端固化的居住空间,虽然各类社区间的交流较少,但都保持着可以交流的渠道,且社区之间并没有出现歧视的状况,也没有激烈的矛盾冲突发生。但是根据实际状况来看沈阳市确实存在着以贫富为主要划分标准的居住空间分异现象,且聚居区在空间分布上并无明显的规律,而是以社区为单位呈散点式分布在城市之中。

第五章　城市居住空间分异的演化机制：以沈阳为例

一、西窑社区：村改居社区的代表

西窑社区位于沈阳市于洪区鸭绿江街上，北二环附近。社区现在一共有2330户居民，共计4321人，由于位于城乡接合部，房租较为便宜，且近几年城市建设较好，交通比较便利，因此较多外来务工人员在此居住。这部分人群流动性较大，长期居住的少，多从事服务行业，收入水平较低。社区内除了外来人口这一庞大群体之外，老年人也较多。在调研中我们了解到，该小区是由西窑村委会建造的，多数居民是原本西窑村村民，小区的基础设施较完善。小区内生活条件好的居民也会选择在附近的商品房小区购置新房，可以看出该社区正逐渐向外来人口聚集的方向发展。社区会举办一些活动，但该社区与其他社区之间没有任何交流。该社区最早的建设目的是为了改善本村村民生活、住房条件，但随着城市化的加深，城市面积的扩大，原本是农村或者城郊的区域已经逐步发展成为城市，或城乡接合部，而相对偏僻的位置，较低的房价成了吸引低收入人群聚居生活的新区域。

二、北塔社区：城市老旧社区代表

北塔社区位于沈阳市皇姑区崇山东路南侧，北一环内。可以说与西窑小区相比，该小区房屋老旧、设施差、道路坑洼，但是地理位置好、交通便利。通过对社区主任的采访，我们了解到该小区是20世纪90年代建的，1999年成立社区委员会，社区共有居民4200户左右，平均每户三口人。在北塔社区，从事服务行业的外来务工人员是该社区居民的一大主力，总人数可以达到全社区的三分之一，另外就是大量的老年居民。社区居民收入较低，"低保户特别多，很多都是靠政府低保维持生活"，在访谈中社区工作人员王女士这样说。通过了解，社区内居民收入均属于中下等水平。

我们通过对社区的观察也可以看出居民生活条件较差,该社区动迁过来的居民特别多,原来北塔附近的平房、柳条湖的动迁后大部分都搬到了这个小区。"该社区聚集了不愿搬出住地的老人,没有能力搬到更好社区的低收入者,再有就是生活条件较差的外来务工人员。而在北塔社区对面就是两个高档社区——中远颐和丽园和玉环花园。通过随机采访我们也获悉,大部分居民还是希望能够搬出北塔社区到更好的地方居住,而且他们也认为住在这里的基本都是穷人。可以说居民在无意识间已经给自己的生存空间贴上了标签,从心理上产生了隔离感。据笔者了解,该社区在 1990 年之前是原沈阳市烧酒厂的工人宿舍①,也就是我们常说的工人村。其后改造建设后原厂工作人员回迁。

图 5.5　北塔社区内景象

图 5.6　中远颐和丽园内景象

三、西塔社区:少数民族聚集区

该小区位于沈阳市和平区西塔街,城市较为中心的位置。选择该社区作为调研对象,主要是由于该社区是朝鲜族聚居地。在上文中我们也提到了在

---

①　沈阳市存在许多类似的情况。20 世纪八九十年代,很多工厂里都会给厂里部分员工提供住房保障。这类住房或后来改造的回迁房,现今多数已经成为中下收入者、外来务工人员的聚居区。

日本侵略时期，这里就已经成为朝鲜族人民的聚居区。因而我们认为，这里有可能成为居住隔离的萌发地。该社区共有 3687 户居民，共计 11323 人，小区北面延伸到北七马路，范围很大。这里面有 20% 的居民是朝鲜族，还有一部分居民是锡伯族或者回族，是典型的少数民族聚居地。该社区大多数朝鲜族居民都会在小区附近做些小生意，这里也是沈阳的一个商业区，西塔街上的商铺多为朝鲜族居民经营。由于地理位置较好，这里也聚集着一些打工者。

　　总体来说，西塔社区内的朝鲜族居民与汉族居民之间的关系较为稳定，没有明显的矛盾冲突，平时两个群体之间的交流并不多，两民族的居民基本都跟本族人交流，相互之间的交流很少，都是以民族为界限的小团体。民族之间的差距隔阂很大，民族间的交流很少。西塔社区的刘书记认为："一方面是民族文化的影响，一样的民族聚集在一起可能给他们更多的安全感，不受外族欺负。另一方面，朝鲜族和汉族的思维模式也是不一样的。"这里还有个特点，就是居民中朝鲜族普遍收入较高，汉族的收入相对较少。主要是很多朝鲜族居民成年以后便会出国打工，较能吃苦，而汉族的居民基本都在市内打工上班，收入就少了很多。虽然民族之间没有明显的矛盾，但是也未能很好地交流沟通，隔阂还是存在的。通过对社区书记的访谈，我们也可以看出该地区的居民也以社区为界将自身贴上了标签，有着明显的隔离的倾向和心理。根据前文所述，不难看出，西塔社区内朝鲜族居民聚居并不是近几年或近十几年形成的，且此类聚居情况一旦出现，就会被很好地沿承和保留下来，形成固定、长久的聚居区。

图 5.7　西塔商业街景象图　　　　图 5.8　西塔社区内部店铺景象

四、兴华街北一路区域：新式商品房社区代表

　　该地区在铁西区兴华街附近。课题组来到这里调研便感觉到了明显与前三个调研地的不同，附近的小区多为高层新楼，道路宽阔，建有文化广场、公园绿地等公共基础设施，并且附近有万达广场等大型商场，附近高中有 4 中、31 中，初中有 127 中学、雨田中学，都是沈阳市的知名学校。我们随机采访的一位女士介绍："铁西这几年发展很快，已经跟前几年大不一样了。以前铁西是个工业老区，空气、环境都不是很好。现在铁西区马路宽敞，交通四通八达，而且公共交通也很方便，公交便捷，也开通了地铁。现在大多数小区附近都有公园、广场供居民活动，而且从其他区来到铁西区，你就会明显感觉到这里高楼特别多，而且楼房都很新。铁西区的绿化做得也很好。我们小区附近也有万达广场、超市生活特别方便。"该区域居民生活水平、收入水平较高，与前几个社区相比差距较大，而这还并不是高档社区的所在地。该区域从改革开放初期重工业心脏摇身变为生态环境好、基础设施齐备的宜居区域，成为沈阳市居民青睐的居住地，这与政府整体规划布局，城市建设有着紧密的联系。

图5.9 铁西区道路景象

五、原铁路医院家属楼：原"单位大院"代表

该区域位于皇姑区崇山东路,现沈阳市中国医科大学附属第四医院(原沈阳市铁路总院,简称医大四院)北侧。最早是铁路医院的家属楼,小区房龄较长,很多铁路医院的员工都在此居住。据了解,最初小区居民以医院的医生和工人为主,而现在医大四院的医生基本已不住在这个小区,因为距离医院较近,基本都是医院的工人住在这里。工人的月收入大概在2000~3000元。可以说,这种单位家属楼在20世纪单位制盛行的时候是极其普遍的。单位为员工提供工作、住房、子女教育等一系列的保障,形成组织,甚至代替了很多政府职能。而在单位之作用逐步丧失之后,在其影响下的同单位混居的模式也开始瓦解,很多老旧的单位住房成为低收入者的居住地。

除此之外,课题组还到沈阳市铁西工人村区进行考察,详细了解了铁西区近年来的发展道路。铁西区是全国闻名的老工业区,其主要功能结构是"南宅北厂",在这里聚集了如沈阳中捷,沈阳第一、第三机床厂和辽宁精密仪器厂、沈阳鼓风机厂、沈阳变压器厂大量重工业企业。这些国企大厂每一个都形成了一个功能齐全的"小社会",而其所存在的弊端就阻碍了企业的进一步发展,企业因经营状况不佳造成了工人大规模下岗,2000年前后铁西区曾一度被戏称为"工人度假村"。"铁西区城市功能单一,产业比例严重失调,工人收入和消费水平急剧下降,居民住宅老化,全区有200万平方米棚户区需要改造,人均居住面积不到12平方米。"①面对如此严峻的社会问题,2002年铁西区与沈阳市经济技术开发区合建铁西新区,开始了"东搬西建"的振兴模式。经过十余年的建设,铁西新区无论是基础设施、还是区域景观环境都发生了翻天覆地的变化,很多原有棚户区、工人村都进行了整改拆迁,成为沈阳高收入群体选择的居住区域之一。

第四节　沈阳居住分异的成因分析

沈阳市的居住空间分异现象主要是贫富分化,配合单位制、民族、历史规划等因素,在房价的过滤作用下形成。而这一切都还有个背景——快速城市化。城市的快速发展可能使得城市的建设、规划难以跟上城市扩张,城市的服务保障难以弥补城市的贫富分化,等等,从而滋生许多"城市病"。具体来看,我们认为沈阳市居住空间分异有以下成因。

一、基础的奠定:历史因素对城市空间布局的影响

(一)城市历史变迁的硬性

关于居住空间分异或居住隔离问题的探讨,不能脱离城市空间结构发展而独立进行,因为从本质上看,这项城市问题本身就是社会分层极化在空间上的反映,二者是紧密联系的。每个城市都有发展的历史,城市形态也随着历史的延续、城市的建设、人口的增长、不同时期的地位和需求等种种原因在不

---

① 董峰:《"东搬西建":沈阳铁西老工业基地振兴的模式选择》,《国土资源》,2007年第5期。

断的发展和完善，很多城市现今的空间结构和功能布局都延续了历史。这里所说的历史是指城市发展，尤其是城市空间发展的历史。当权者对于城市的规划建造，往往至今深刻地影响着城市布局与景观。在历史积淀的基础上形成的城市布局，划分出城市的中心、老城区、工业区、商业区等。诸如西安的城市中心、苏州的观前街商业区、杭州的滨湖商业区、沈阳的铁西工业区等都是城市空间布局延续历史构造的典型。具体来说，以沈阳为例，后金在沈阳建都时建造了当时的城市中心，现在的沈阳故宫所在地依然是城市的最中心，同时也是沈阳市商业最发达的地区，而该地区地租高昂，但依然存在着老旧的居民区。在奉系军阀统治时期形成的沈阳西塔周围的朝鲜族聚居区，如今已经发展成为沈阳市最大的朝鲜族聚居地及朝鲜族商业区。而闻名全国的沈阳铁西工业区也是在日本侵略时期就开始建造的，后来随着中国不断发展，才奠定了铁西区今日的工业地位。所以不难看出，城市今日的形态并不是一时形成的，而是历史岁月一点一滴造就的。

值得注意的是，这些城市发展过程中形成的各类格局，很大程度上预埋了居住空间分异的分布区域，包括老城区的老社区、工业区的工人村等。有些"老城区"在成为城市中心的同时，也具备了核心地区的高房价的特点，伴随着高房价的并不完全是高收入群体的入住，老城中无力搬迁的"原住民"慢慢积淀成为低收入群体的聚居区域。就像上文提到的沈阳市故宫区域，除了高楼林立的商场，也有与之形成鲜明对比的老旧社区。

除了原有格局上的隐患，符合当时时代发展需求的一些建设行为也成了居住空间分异的导火索，比如沈阳铁西区"南宅北厂"的最初建造模式，在当时一定程度上满足了工人的需求，但较差的生活环境和不符合现在城市发展的空间构造，让其变成了低收入阶层和工人阶层的聚居区。而民族聚居的延续，也造成了一定的居住空间分异状况。城市的历史也让城市民众形成了观念上的"高档区",如沈阳规划较好,曾经较多外国租界所在地的和平区,如今依然是地价高昂、基础设施完备,成为富人居住的首选。这些历史遗留的因素,铸就了城市今日的形态,同时也为居住空间分异奠定了最初的格局。

(二)单位制的遗留问题

从政治学的角度来看"单位"是一种中国特有的政治现象,"所谓单位不仅是各行各业的基层,更是中国政权的重要基础"[①]。"单位"在中国特定的历史时期,其很大程度上分担了政府诸如就业保障、计划生育、安全事务、医疗、退休职工安顿、工人子女教育、解决职工住房问题等政治社会职能。这在一定的历史背景下起到了稳定社会的作用,但在市场经济发展的新时期,却成为城市进一步发展的绊脚石而被逐步取代。然而其遗留的问题,尤其是职工住房却成了居住空间分异的一大隐患。事实上,所谓的工人村正是单位制的遗留问题。上文提到的沈阳市铁西区工人村、北塔烧酒厂工人宿舍、大东陶昌社区,都曾经是国企工厂的职工住房,由于环境较差、基础设施不完善、房屋老旧,基本都沦为没有经济能力的老职工及其他低收入人群的聚居地。虽然工人村所形成的聚居区是沈阳市等老工业城市特有的较为明显的居住分异模式,但是单位制却是全国共有的时代产物,其对于居住隔离可能产生的影响不仅只会发生在沈阳等这样的老工业城市。

二、发展的触动:社会分层过程中的分异与聚居

居住隔离发展的第二个过程是中国居住分异形成的核心过程,既城市化和经济发展,贫富差距的拉大所带来的社会分层。贫富差距所带来的社会分层,将城市居民从主体上分流,按经济因素形成高收入群体和低收入群体。不

---

① 朱光磊:《当代中国政府过程》,天津人民出版社,2002年,第308页。

难理解，有着不同的生活水平、收入水平和社会地位的人在其需求以及满足其需求的能力上是存在着较大差距的，这就使得不同的阶层在居住空间选择上出现了分异。对此，可以从学者吴启焰在其文中所阐述的社会空间统一体理论中得到很好地理解。所谓社会空间统一体是指人（个体与群体）与周围的环境之间的双向互动的连续过程，比如人创造、调整城市空间，同时他们生活工作的空间又是他们存在的物质、社会基础，这样人与周遭环境的相互影响、制衡便是社会空间统一，这样空间与居民的双向选择，成为社会分层出现到居住空间分异的作用机制。居民这些身份上的差异使得其所追求的和有能力得到的产生了差别，富人有需求，且有能力选择与其身份相适应的环境好、基础设施完善、配套的教育设施等完好的社区；而穷人则居住到了相对落后、环境较差的区域。这两种选择造就了居住空间分异，同质化较高的居民形成聚居。①现实也是如此。城市中的高收入群体选择购买配套设施完善、地理位置优越的高档商品房，而低收入者或被遗留在城市老旧建筑（如工人村、棚户区）之中，或通过拆迁安置、保障性住房等城市更新方式和民生政策被无意识的排斥到城市边缘地区。

　　笔者在调研过程中发现，同一社区的整体经济水平较为相似。低收入群体聚居区域通常为开放社区，环境基础设施较差，周边配套设施（包括学校、医院）等质量较低，治安状况普遍存在隐患。高收入群体居住区域多为封闭小区，物业管理、周边基础设施较好。在沈阳市进行调研的过程中，上述理论现象也被验证。比如皇姑区北塔社区工作人员王女士就社区情况介绍道："这个

---

　　①　关于社会排斥理论，石彤在其《社会排斥：一个研究女性劣势群体的新理论视角和分析框架》一文中认为社会排斥是指某些个人、家庭或社群缺乏机会参与一些社会普遍认同的社会活动，被边缘化或隔离的系统性过程。这个过程具有多维的特点，并表现为被排斥者在经济、政治、社会、文化及心理诸方面的长期匮乏。

居住隔离现象的生成机制及其社会影响研究

居民区是 1990 年建的老小区,社区是 1999 年成立的,像这样的老社区基础设施一般都不是很好,改进也是很困难的,主要是经费的问题。你来这看看,下雨天我们社区办公室都可能漏雨,办公场所、设备很老旧,所以社区的整体情况可想而知啊。像卫生站这些我们也有,不过没有什么活动场所。另外,你们来的时候也是走过来的吧,外面的道路坑坑洼洼,全是积水很泥泞,所以社区整体的基础设施不太好。我们整个社区的治安不是太好,盗窃案件时有发生。一方面这是开放小区,可以随意出入;另一方面也没有专门的保安去维护社区安全,老社区中居住的老年人很多,往往这些老人家中出现盗窃案件较多。周围学校的教学质量和硬件设施都比较差,不能给孩子就近提供很好的教育环境。"

关于社区居民的情况,王女士介绍:"社区一共有居民 4200 户左右,主要居住居民为从事服务行业的外来打工人员(占总人数的三分之一),还有相当一部分是沈阳大学的学生,除此之外老年人也占据相当大的居住比例。社区居民收入普遍较低,低保户较多,很多家庭都是靠政府低保维持生活,基本上应该都位于中下阶层(月收入 1000~3000 元)。"

而同样作为调研对象的铁西黎明社区的结果则与之完全相反。社区居民逢女士介绍:平时物业做得不错,"小区环境很干净,像健身器材、医院也都配套齐全。小区内的道路平整,马路宽敞,而且公共交通四通八达很方便,到各地的公交都有,地铁也开通了。现在大多数小区附近都有公园广场供居民活动,铁西区的绿化做得也很好。我们小区附近有万达广场、超市这些生活配套特别方便。附近高中有 4 中、31 中,初中有 127 中学、雨田中学,这些学校在沈阳市都是有名的重点中学,所以教育设施很好,质量也很好。"

可以看出,黎明社区基础设施较好、交通便利、花园广场商场等生活设施完善,周边教育设施完备,省市重点辐射。同时笔者了解到居住在黎明社区的多为家庭收入较高，有稳定工作的居民，年龄上集中在中青年阶段。

通过上述调研资料再次验证，经济发展带来的不同社会阶层，受到自身收入的影响和制约，导致不同阶层的居民居住在不同阶层的社区之中。收入较高、社会地位较高的居民，多选择如黎明社区等具有良好的基础设施、环境的高档社区；而收入较低、不能满足其选择意愿的居民，则多居住于如北塔社区等房屋老旧、治安较差、教育设施不完备的社区之中。（详见表 6.1）

表 5.1　黎明社区与北塔社区居民状况及社区环境对照表

	黎明社区	北塔社区
居民状况	1.本地人为主 2.有稳定工作且收入较高 3.中青年为主	1.外来打工者居多，近总人数三分之一 2.主要从事服务行业、临时工，月收入普遍低于 3000 元，低保户较多 3.老龄化严重
社区及周边环境	房屋较新，配套设施齐全，商场、公园完备，环境较好，交通便捷	房屋老旧，配套设施不健全，道路坑洼
教育设施	教育设施健全（高中有 4 中、31 中，初中有 127 中学、雨田中学等市内知名学校）	教育设施欠缺，教学质量低
治安	治安较好，少有案件发生	治安较差，经常发生偷盗案件

资料来源：作者整理。

三、分异的加剧：过滤作用的遴选与邻里效应的催化

受社会分层影响，居民分流进不同的区域，且区域初步定型后，城市之中就会出现所谓的高档社区与贫民聚居区。但依然也存在混合度较高的区域（如未拆迁的老旧社区等），初期形成的分异区也还未形成极端固化的状态，城市呈现居住空间分异的局面。另外两种作用机制在这种情况下发挥作用，造成居住空间分异进一步向居住隔离发展。一是过滤作用，二是邻里

居住隔离现象的生成机制及其社会影响研究

效应。

(一)过滤作用

之所以在此着重强调城市发展中出现的两种过滤现象,首先是房价的过滤作用,其次是城市内部更新的过滤作用。住房产业化以来,商品房市场得以发展,随之而来的是房价的快速升温,高房价匹配好的地理位置、优秀的配套设施和环境。在房价面前,自然形成了无形的过滤网,将低于网面的居民和有能力购买的居民筛选到不同的空间。

而城市内部的更新则是另一种大规模的过滤。城市为获得进一步发展除了要扩张城市范围,也会更新老城的内部景观构造。尤其是在住房商品化之后,各开发商竞相争夺城市优势位置资源,将地铁开发为高档社区,原本寄居老城区的贫困民众在高额的房价面前,不得不选择迁居到房价较低的城市外围,城市则完成了由中心向四周扩散的更新,而对于低收入者而言也在拆迁和房价的过滤作用下逐步被"更新"到新的"贫民区"。以沈阳市的北塔社区为例,笔者采访了一位原北塔棚户区的居民,访谈内容如下:

(S 为受访者,W 为访谈者)

S:我们家四口人,当时住的屋子不到 20 平方米,房子也是经常漏雨,地面也都下沉了,比正常路面低了快 1 米。

W:那条件确实挺艰苦的,您在这里住了多久呢?

S:我从一出生就和家人住在这里,一直到孩子上小学也有几十年了。

W:那动迁之后条件改善不少吧?

S:其实没有,我们这动迁时是按房子面积分等级给钱的,7 万、9 万、11 万不等,我家这种小面积只能得到 7 万,买楼基本买不起,所以就搬到二环外北陵农场,也是棚户区,租了一年的房子,后来又买了间平房。

W：那像您这样的北塔住户多么？

S：很多啊，很多老北塔的居民都搬到上岗子，北陵农场这边来了，也有相当一部分买的北塔社区的老楼房，当然也有家里房子面积大，得了一大笔动迁费的买了新房。

W：那您搬去北陵农场怎么样呢？

S：那也是二环边上的一大块棚户区，一部分土地是属于农场的，大部分是上岗子大队的地，很多也是大队社员；另外有相当一部分的外地人，环境和北塔差不多，平房、土路，而且比北塔还偏僻。

由此可以看出，这些拆迁居民以及外来务工人员在这样的城市更新活动中，在房价的过滤作用下，被不断筛选沉淀，最终将社会分层中的极端部分聚居到城市内部的"城中村"或城市边缘地区，形成难以改变的聚居格局。

（二）邻里效应

另外一种能够进一步加剧居住空间分异发展为居住隔离进程的便是邻里效应。邻里效应是居住隔离形成、居住隔离形成后能够持续固化的核心作用机制。邻里效应通过社区服务的质量、成人对儿童的社会化影响、同龄人影响、人际网络、与犯罪暴力的接触、与经济社会（工作机会）和公共交通等硬件条件的隔离等机制发挥作用，①使得本身同质性就很高的社区不断在内部加剧，最终走向居住隔离，并通过相互间的影响、代际间的影响加以巩固和延续。尤其是当社区内部形成一致的认识，而在外部又形成污名化的结果时，邻

---

① 关于邻里效应的作用机制划分有多种，文中提到的是将其总结为六种作用机制，由西方学者 Ellen 和 Terner 提出，这种识别方式虽然体系性和归纳性不强，但是却最为直观和容易理解，因此笔者在此选择此种识别方式。除此之外，还有将邻里效应的作用机制识别为社会化机制与工具机制两种，以及社会联系与互动、社会规范与集体功效、机构资源与日常活动四种的方法，其实其具体内容没有太大区别，只是归类方法略有不同。

里效应作用下所形成的居住隔离将难以疏导治理。为了缓解和改善邻里效应、居住隔离导致的恶性影响，欧美分别采取"以人为基础"和"以区域为基础"的治理手段。美国政府拨款支持大规模的"迁移获取机会"项目，英国也提倡邻里复兴的"地区倡议"策略。这些方法都得到了一定的成效，但大规模的投入及对民众生活造成的不利影响也是不容忽视的。

四、族群因素：民族之间形成的自然隔阂

民族之间既会融合也有隔阂，且民族所形成的思想意识上的隔阂是最根本性的、难以改变的。美国的居住隔离问题如此棘手，就是因为它的主要成因是非洲裔外来人员与白人两个种族之间的隔阂。这种思想认识上的差别与经济上的差距不同，是不能通过收入的增加，政策的疏导而有所改变的。在看沈阳市的朝鲜族聚居区，从访谈中其实可以看出，朝鲜族居民同汉族居民之间还是存在着隔阂的，但西塔社区实际上也只有 20% 左右的居民为朝鲜族，主体依然是汉族居民，且居住方式是在同一社区的混居，两个民族之间的差异并不明显，能够很好地共居。课题组同时也了解到，西塔在沈阳人的心中就是朝鲜人住的地方，事实上是被标签化了。社区工作人员仍需发挥作用促动民族之间的交流互动，因为一旦在民族间出现隔阂将是不可逆的结果。

第五节　沈阳市出现居住隔离的潜在可能性及治理策略

一、居住空间分异的社会影响

总结前文的分析过程,可以说沈阳的居住空间分异是城市化过程中与贫富两极分化共生的,居住在相同社区的居民具有较强的同质性。一旦聚居区内部形成较为一致的意识,而社区外部也对其有统一的标签认知,居住空间分异就会滑向居住隔离。而居住空间分异对社会的影响也不仅是会诱发居住隔离这么简单。笔者认为居住空间分异会对社会稳定造成如下影响:

第一,居住空间分异是居住隔离的先兆。居住空间分异很有可能进一步发展为居住隔离。而居住隔离会制约城市的健康发展,不利于城市的进一步规划建设。居住隔离也意味着社会分层极端固化,会引发一系列的社会矛盾。

其次,居住空间分异容易引发低收入群体的仇富心理,诱发对政府的不满情绪。居住空间分异最直观的表现就是居住空间的环境、配套基础设施、教育设施的差距。当差距较大,居民对现状感到不满时低收入群体对于高收入阶层就会产生羡慕、嫉妒甚至是敌对的心态,进而演化成对政府工作的抱怨与不满。

第二,低收入社区内部可能会出现诸如就业率低下、治安环境差等社会问题。课题组所调研的几个低收入社区,由于是开放性社区,且没有物业安保设施,治安问题严重,偷盗案件频发,成为治安问题高发区域。而低收入社区的一个共同点就是下岗待业者比较多,这对于社会稳定而言是有很大隐患的。比如,在 2000 年下岗潮中,铁西区工人村职工多数处于下岗失业状态,铁西区被称为"工人度假村",曾经一度工厂密集度最高的北二马路被称为"下岗一条街"。职工生活难以维持,生活困难,情绪低落,又因工资、各项保险等问题,频繁上访、堵马路、堵铁道事件屡有发生。在 2000 年一年中,就有因企业无法开工资而引发的堵路事件 127 起。由此也可以看出,低收入群体聚居区的失业现象也将是社会稳定的导火索之一。

第三,一些少数民族聚居区,可能因为居住空间分异,民族融合不够,进而引发民族矛盾,对社会稳定造成不良影响。不同民族都有自身固有的民族文化和思维方式,民族聚居事实上不利于其与外界正常的交流沟通,反而会阻碍交流,造成隔阂。

二、居住隔离生成的潜在可能性

总结前文的分析过程,居住隔离的形成是一个动态发展的过程,在这个过程中各类因素参与其中,将城市化进程中的居住空间分异演化为居住隔离。本章将其概括为三个阶段,涵盖了城市空间发展历史的影响,社会分层的空间响应、邻里效应、过滤作用的加剧等作用要素,并以沈阳作为案例进行说明。其意义在于希望准确把握居住隔离形成的原因,并确定居住隔离发展所处的阶段,抓住要点进行疏导治理,针对不同的问题提出不同的方案。比如,我们在看到邻里效应在形成居住隔离过程中所带来的危害的同时,也应该看到它的正面效果,构建多元混居,促进不同阶层间的良性互动等。

同时也要认识到,中国的居住空间所具有的特殊性。中国的居住空间分异不同于美国是以种族为主导所形成的居住隔离,而是由于经济原因、贫富差距分化、社会分层在空间上的映射,进而形成的不同阶层生活在同质性较强的居住空间的现象,由经济导致的问题更容易通过经济手段来解决。事实上，经济原因所导致的居住空间上的分异问题，相对于美国种族原因形成的思想上的藩篱，更容易得到解决。

还要说明的是，中国的居住隔离尚处于萌芽阶段，笔者也提到，居住隔离是中国城市化进程的一个自然过程，是无法消除的。政府没有有效的手段去制止居住空间分异的出现，不止我国如此，发展经济的各国都存在这一现象。政府应该通过更多的辅助性手段去疏导、缓解居住隔离现象的出现，比如主要是促进区域和社区间的公共服务均等化等手段，使居住空间分异能够良性存在。

居住隔离的趋势是伴随着中国城市化进程的加深而出现的，出现了大规模的居住空间分异，但并未形成真正意义上的居住隔离。笔者认为，由于中国的居住隔离主要是受经济因素主导，与美国受种族因素主导的居住隔离存在很大区别，后者的主体因素是不可改变的，因而其居住隔离是很易引发也是很难治理的。而中国的居住隔离只要政府加以适当的疏导，在发展经济的同时也注重分配公平、社会服务与保障、基础设施建设满足群众需求，尤其是保持良好的社会流动与沟通渠道，就能避免居住分异滑向恶性的居住隔离。

三、治理策略探讨

总体而言，中国对于居住隔离相关问题的认识尚浅，学界对于这一问题的讨论最早始于 20 世纪 90 年代，而政府对于居住隔离的认识更是捉襟见肘，甚至可以说还没有意识到居住隔离可能带来问题的严峻性。与此同时，西方国家尤其是美国、英国等发达国家居住隔离问题由来已久，美、英等国政府也都采取过诸如民众迁移计划等相应的举措，确实有些经验是值得我们借鉴的。但笔者并不赞同完全采取英美治理居住隔离问题的方法，尤其是以政府大规模干预的方法对待中国的居住空间分异。原因正如笔者上文所述，中国

居住隔离现象的生成机制及其社会影响研究

的居住空间分异主要是由于贫富分化造成的,是城市化发展所要经历的一个自然过程,本质上并不同于美国种族问题、英国社会福利政策造成的居住隔离。对待中国的居住隔离问题,政府无法全面干预,需要做的主要是促进区域社区间公共服务均等化,合理规划城市空间,给予不同人群接触交流的机会。笔者整合文献资料及沈阳市相关现实状况给出以下疏导治理意见:

第一,完善社会福利政策,促进再分配的社会公平,缩小贫富差距。这是从根源上解决出现居住隔离的手段,也是较难实现的。目前,中国处于经济快速发展阶段,全社会的财富不断积累,人民的生活水平不断提高,然而财富、资源的分配构成却使得贫富差距逐步拉大,虽然国家也已在倡导确保收入再分配的公平,但收效甚微。但地方政府仍需要通过完善居民社会保障等方式,逐步的缩小贫富差距。

第二,健全和畅通社会阶层流动渠道,避免阶层固化。可以说中国贫富分化是比较严重的,但是却没有出现极端固化的某一社会阶层或居住隔离现象,这主要也是因为在中国有着较为良好的社会流动渠道,居民可以通过读书、创业在内的多种渠道提升自己的社会地位、生活水平。因而避免居住隔离一定要继续保持畅通的社会流动,甚至是想办法增加流通渠道。

第三,促进社区之间交流互动,充分发挥社区组织的作用。如果说增强社会流动是纵向上的对策,那增强社区之间的交流互动便是横向上的方案。社区作为与居民生活息息相关的组织,应该更加积极的组织活动,促进各社区之间、社区内部的交流,打破社区之间的藩篱。

第四,政府完善基础设施建设,提供均等化的公共服务,并保证政策公平,减少"锦上添花",多加"雪中送炭"。改善居民生活环境,完善基础设施建设,可以有效地缓解降低居民的不满情绪。同时笔者在调研过程中注意到,环境建设好的区域道路平坦开阔,而像北搭这样的老旧社区,虽地处一环但社区内的道路却坑洼不平。可见一些政府部门，需重视老社区的基础设施建设，做到老旧社区政策公平。

第五，倡导多元混居。倡导构建多元混居的异质性社区当然是缓解居住分异和隔离局面的直接应对措施，但多元混居并不是要求在楼户层面进行混合，而是应该呈现为"大混居小聚居"的基本居住格局，即在较大的区域内混合规划包括棚改房、还迁房、公租房、廉租房等在内的保障性住房，相似社会属性居民的居住空间则以小规模组团的方式配置。①这样的方式可以避免生硬地将不同阶层居民混合居住在一起，造成群体之间心理层面上的相互抵触和隔阂，又能够促进不同阶层之间接触交往，进而缓解居住隔离趋势。课题组在调研中了解到，沈阳市在对一些大规模棚户区改造的安置工程、保障性住房等项目中，为了节约成本、获取收益往往把项目安置在城郊。如 2003 年进行拆迁的北塔棚户区由于地处一环，对该地区拆迁户全部采取拆迁费补偿无回迁的补偿方式，地皮则被开发建为高档商品房社区。而 2011 年地处北二环外的上岗子棚户区拆迁，则采取了原地集中回迁与拆迁补偿款两种补偿方式，但由于补偿款较低，绝大多数居民都选择回迁安置，回迁房事实上又成了低收入群体的聚居区。政府本无心建设"贫民聚居区"，但却无形地推动了居住空间的分异。

第六，打破民族聚居现象，避免种族隔离的产生，正如笔者前文所述，贫富差距造成的居住分异是一个自然过程，只要正确的加以疏导，就可以避免恶性结果的产生，而民族聚居甚至隔离往往会带来严重的政治后果。像沈阳市西塔区的朝鲜族聚居区，虽然聚居着大量的朝鲜族居民，但社区的主体依然是汉族人，不同民族在同一社区生活，不仅避免了种族隔离的危险趋势，而

---

① 参见赵聚军：《保障房应推广多元混居》，《人民日报》，2013 年 9 月 26 日。

且有利于加强民族融合。

　　除此之外，沈阳市铁西区"东搬西建"的做法切实在改变城市景观的同时，使新区焕然一新，基础设施建设完善、配套环境优美，同时解决了工人村等遗留问题，也是值得借鉴的。但我们也要看到，其动作之大，无异于将整个铁西区翻新重建，所付出的成本可以想象。另外铁西区振兴的急迫性、工厂集中的老工业特点，国家政策的扶持也是其可以成功改建的原因，这无疑使得这种解决方案的操作难度加大。

第六章
广州非洲裔外来人员聚居区的形成与族裔居住隔离现象的萌发

第一节　问题的提出与研究现状

一、国外关于族裔居住隔离研究的整体现状

现代意义上的族裔聚居区研究始于西方。经过长期的探索与发展，国外对于族裔聚居区的研究，已经从经济社会领域逐渐向外围拓展，形成了一些比较成熟的理论和切入视角。其中比较有代表性的研究主要包括两类，即分别从城市空间布局和社会功能的视角展开对族裔聚居区的研究。以城市空间布局作为切入点的研究者认为全球化带来人口流动，进而形成族裔聚居区，并诱发了移民城市的空间分异。然而族裔聚居区的贫困聚集效应及带来的一

系列社会问题,使之逐渐被边缘化,并对城市更新规划形成了不小的挑战。①
与此同时,也有部分研究者以族裔聚居区的社会功能作为切入点,认为国际
性的人口流动能够加速城市的国际化进程,激发城市活力。例如,汉斯(Hans
Skifter Andersen)从空间融合理论和文化偏好理论入手,对丹麦的少数民族
搬入和搬出族裔聚居区的原因进行分析,并对"邻域效应"进行检验,发现少
数民族对居住地点的选择与自身的经济收入状况和就业情况相关,而与文化
偏好的关联较弱。德雷弗(Drever)则通过族裔聚居区及其邻域的收入水平等
数据,检验族裔聚居区在经济、社会、文化上的空间隔离,发现社会融合与空
间整合之间并非呈正相关,二者的关系需要重新审视。②

二、国内关于广州非洲裔外来人员聚集区的研究

受到研究视野和客观环境的影响,直到 21 世纪初,随着广州等地非洲裔
外来人员聚集区的逐步成型,国内学术界才开始比较系统地探讨族裔居住隔
离。从中国期刊全文数据库(CNKI)检索的结果来看,最早的研究成果应是
2008 年李志刚教授发表于《地理学报》第二期的《广州小北路非洲裔外来人
员聚居区社会空间分析》一文。近年来,国内学术界主要从现状、特点、动力机

---

① See Meirav Aharon-Gutman, "The Iron Cage of Ethnicity: Ethnic Urban Enclaves and The Challenge of Urban Design", *Urban Desing International*, 2013(2): 144-158; R·Alan Walks and Larry Bourne, "Ghettos in Canada's cities? Racial Segregation, Ethnic Enclaves and Poverty Concentration in Canadian Urban Areas", *Canadian Geographer*, Vol.50, 2006: 273-297; Edward Shihaden and Raymond Barranco, "Leveraging the Power of the Ethnic Enclave: Residential Instability and Violencein Latino Communities", *Sociological Spectrum*, Vol.30, 2010: 249-269; Julia Beckhusen etc., "Living and Working in Ethnic Enclaves: English Language Proficiency of Immigrants in US Metropolitan Areas", *Paper in Regional Science*, Vol.92, 2013: 305-328; Paul N.McDaniel and Antia I.Drever, "Ethnic Enclave or International Corridor? Immigrant Businesses in a New South City", *Southeastern Geographer*, Vol.49, 2009: 3-23 等系列文章。

② See AnitaI Drever, "Separate Spaces, Separate Outcomes? Neighborhood Impacts on Minorities in Germany", *Urban Studies*, Vol.41, 2004: 1423-1439.

第六章 广州非洲裔外来人员聚居区的形成与族裔居住隔离现象的萌发

制等方面对国内非洲裔外来人员聚居现象进行了比较系统的探讨,取得了一些有代表性的成果。总体来看,国内对非洲裔外来人员聚居区的研究是伴随着居住分异,特别是聚居区周围的社会矛盾不断增多而受到重视的,因而研究的意图大多是通过研究该问题引起决策层的重视,以达到维护社会稳定的目的。当然,受到分析角度、学科背景等因素的影响,国内对该问题的研究侧重点也有所差异。

具体来看,国内学界对非洲裔外来人员聚居区的研究主要集中在四个方面。一是从社会管理的角度进行分析,主要探讨非洲裔外来人员在社会管理中存在的问题。例如,怎样应对管理体制机制缺位、信息不对称和外籍人口权益保障等潜在风险因素的挑战,如何构建完整的外籍人口居住管理、服务体系。[1]二是从人口空间分布的角度切入,主要关注的是非洲裔外来人员的空间分布和聚居情况。[2]三是非洲裔外来人员的社会融入,主要探讨社会融入过程中社会组织参与存在的问题,探讨如何促进本地居民与非洲裔外来人员相互了解与融合。[3]四是非洲裔外来人员聚居区的社会空间分析,研究在经济转型背景下非洲裔外来人员聚居区的社会空间演进机制和特性。[4]

虽然上述研究侧重点各有不同,但在逻辑上还是存在一定的共识,"空间

---

[1] 参见于静:《广州市流动人员的权益保障与管理——与国外对移民及人口迁移管理模式的比较》,《珠江论坛》,2006年第9期;毛国民:《广州蕃坊及其外籍人聚集区研究》,《战略决策研究》,2014年第4期;熊威:《城市外籍人口服务与管理创新机制研究——基于广州市三区三个街道的调查报告》,《西部法学评论》,2014年第4期;李庆:《城市外籍人口管理研究——以广州为例》,《城市观察》2013,年第3期等系列文章。

[2] 参见刘望保、陈再齐:《1982—2010年广州市人口空间分布演化研究》,《经济地理》,2014年第11期。

[3] 参见田慧:《非裔外来人员社会融入障碍与社工介入研究——基于广州市越秀区DF街道的实践》,吉林大学硕士学位论文,2015年,第17页。

[4] 参见李志刚、薛德升等:《广州小北路非洲裔外来人员聚居区社会空间分析》,《地理学报》,2008年第2期。

居住隔离现象的生成机制及其社会影响研究

集聚性"是非洲裔外来人员聚居区研究的起点和共识性基础。在研究目标方面，"维护社会稳定"成为基本共识，即将当地居民与非洲裔外来人员间的关系和谐视为研究的主要目的或单一目的。大多研究的基本假设就是"将聚居与隔离看成一对共生的矛盾统一体"。总之，无论是出于维护社会稳定的目的，还是促进当地居民与非洲裔外来人员间的关系和谐，都把"冲突—管理—有序—再冲突"视为问题的现实逻辑。

从上述逻辑出发，又可以把已有的研究进一步划分为三种主要类型。其一，侧重对群体自身特征的调查研究。围绕非洲裔外来人员的个体信息展开调查，以人口数量、国籍构成、个体身份作为研究的立足点，侧重探讨在华非洲裔外来人员的数量变化和空间分布变迁，但对横向比较关注不足。[①]实际上，广州的非洲裔外来人员多来自非洲欠发达地区，其来华目的、受教育层次和社会地位都与北京、上海等城市"人才资源配置"属性的外籍人士有着较大的差异。其二，侧重于双方的互动行为，以非洲裔外来人员群体的日常生活方式和活动特征为立足点，主要对非洲裔外来人员日常行为方式进行调查研究。主张通过社会工作组织的加入，推动原居民与外籍人士的相互接纳和包容，实现两个群体的和谐共存。[②]然而非洲裔外来人员聚居区的形成是双向互动的结果。因此在对外籍群体的生活方式进行调查的同时，亦需要将本地居民的行为选择纳入其中，才能够进行彻底深入的分析。其三，以非洲裔外来人员对所处环境的单向适应情况为研究重点，侧重对居住环境、相关服务的满

---

① 参见李志刚、薛德升等：《全球化下"跨国移民社会空间"的地方响应——以广州小北非洲裔外来人员聚居区为例》，《地理研究》，2009 年第 7 期。

② 参见田慧：《非裔外来人员社会融入障碍与社工介入研究——基于广州市越秀区 DF 街道的实践》，吉林大学硕士学位论文，2015 年。

意度进行调查。①但无论调查为何种指向,目的都是通过了解非洲裔外来人员的感受与反映,对社会的适应能力进行判断。

归纳来看,已有的研究工作取得了一定的进展,为后续更加深入的研究奠定了基础,但也存在一些不足:其一,研究工作总体上还停留在对国外理论的引进和吸收阶段,本土化程度有待提升。其二,已有研究主要从社会管控的视角探讨这一现象,而对于非洲裔外来人员聚居区现象带来的溢出效应,明显关注不足。基于上述认识,本章的主要工作旨在通过对典型国家族裔居住隔离现象的经验教训进行比较和提炼的基础上,系统探讨广州非洲裔外来人员聚居区的生成机制、发展方向、政策溢出效应与疏导对策,并期望在相关理论的本土化改造方面有所进展。

第二节　广州非洲裔外来人员聚居区的形成原因与社会影响

一、广州非洲裔外来人员聚居区形成的原因分析

改革开放以来,广州先后被列为对外开放的沿海城市和市场经济综合改革试点城市,出口加工区首批获批成立,把握了全面开放试验的先机。伴随中国加入世贸组织,依托良好的区位优势和区域条件,近三十年广州经济一直保持着高速的增长,各类工业产品,特别是服装、鞋类出口增长迅速。飞速增长的经济、广阔的市场、低廉的劳动力和政府的优惠政策都对外籍人员形成

---

① 参见李志刚、薛德升等:《广州小北路非洲裔外来人员聚居区社会空间分析》,《地理学报》,2008 年第 2 期。

了巨大的吸引力,包括非洲裔外来人员在内的大量外籍商人与访客纷纷涌入广州。20 世纪 90 年代,非洲裔外来人员开始出现在三元里与环市东两个片区。特别在东南亚金融危机后,为寻求新的机会,大量的非洲裔外来人员开始自东南亚迁移至广州,由此开始了持续至今的非洲裔外来人员入穗潮。①

自 2003 年以来,进入广州的非洲裔外来人员数量以每年 30%~40%的速度增长;在 2007—2009 年的三年间,常驻非洲裔外来人员数量占广东省总人口的 4%,登记临时住宿的非洲裔外来人员数量平均占全省临时住宿登记总数的 7.7%。"目前在广州居住②6 个月以上的外国人已经达到 5 万,其中可统计的非洲人就有 2 万多,这个数量显然不包括隐居的'三非'③群体。"④

在广州的非洲裔外来人员可以分为两大类:一类是来广州做贸易的商人,另一类是来广州打工的非洲贫民。这些人中只有部分是合法进入中国,其余的都是"三非"人员,且大部分集中在三元里片区和环市东片区。⑤但是随着非洲裔外来人员的日益增多,在此经营的当地商户居民陆续"外逃",使得部分区域开始成为难以管理、卫生状况差、社会治安混乱的非洲裔外来人员聚居区。

如同其他群体一样,广州的非洲裔外来人员也试图通过选择更加舒适的社区来扩展他们的活动空间,但他们在试图进入本地居民居住区时面临着更大的障碍。这些障碍包括房屋管理机构的限制性做法,本地居民的抵触和不

---

① 参见李志刚、薛德升等:《广州小北路非洲裔外来人员聚居区社会空间分析》,《地理学报》,2008 年第 2 期。

② 参见许涛:《广州地区非洲人的社会交往关系及其行动逻辑》,《青年研究》,2009 年第 5 期。

③ "三非"主要是指那些未经过合法手续而在中国非法就业、非法入境和非法居留的外籍人口。

④ 柯学东、杜安娜:《广州非洲裔外来人员"部落"全记录》,《广州日报》,2007 年 12 月 31 日。

⑤ 参见方英:《外籍人聚居区分布规律及其影响因素——以广州为例的研究》,《广州大学学报》(社会科学版),2010 年第 10 期。

安,以及大量"三非"非洲裔外来人员的流入。这些因素综合在一起,加速了非洲裔外来人员聚居区的形成。

广州部分地区的房屋管理机构和房地产租赁市场都采取了限制性措施,即通过抬高租金、强制拒租等措施限制非洲裔外来人员进入居住区。起初,出于带动本地商业经济和增加家庭收入的考虑,广州的居民和房屋管理机构不介意把房屋租给非洲裔外来人员经商和居住,但由于非洲裔外来人员的流动性大且难于管理、外形让人感到害怕、语言交流障碍等因素,再加上不时出现的拖欠房租、损坏家具且拒绝赔偿的问题。特别是,上述事件经过网络等渠道被广泛传播后,进一步放大了问题,增加了当地居民对非洲裔外来人员的抵触情绪。产生抵触情绪的一个直接后果就是,导致房屋租赁市场的限制性行为。此外,当特定社区内的非洲裔外来人员达到一定数量,被动隔离机制将会被启动——部分当地商人和居民纷纷选择"逃离"该社区。因此,广州非洲裔外来人员在居住选择方面往往需要面对的是蓄意设置的一系列隐形障碍:房屋租赁市场的主动隔离机制和被动隔离机制使很多非洲裔外来人员难以进入,或者根本进入不了较为高端的当地居民居住区,只能集聚在以洪桥为中心的"巧克力城"中。

造成非洲裔外来人员聚居区形成的另一个原因就是大量"三非"非洲裔外来人员的流入。伴随着全球化进程的加速和全球化产业链的形成,广州经济快速发展,来这里从事商贸活动、寻找就业机会的外籍人不断增加,偷渡进入的"三非"非洲裔外来人员也日益增多。据统计,广州市公安查办的"三非"外籍人员中非洲裔外来人员占51%。[1]广州作为世界制造业中心,产业转型加

---

[1]　参见广州大学广州发展研究院课题组:《广州外籍流动人口管理的现状与对策研究》,中国社会科学文献出版社,2014年,第227~246页。

速造成许多产品被积压,这些在中国已经过时的产品在非洲却有很广阔的市场和可观的利润,这也为许多非洲商人提供了获取商业利益的机会。2008年中非关系取得迅猛突破后,中非贸易发展迅速,越来越多的非洲人来到广州。他们中除了部分从广州口岸入境之外,基本上都是偷渡而来。房屋租赁市场对非洲裔外来人员的限制性措施,加上没有证件无法办理租房手续,进入广州的"三非"非洲裔外来人员往往只能求助于已经租到房子的伙伴,"一些出租屋的业主半年前把房子租给一个非洲裔外来人员,半年后再去看,发现一屋子七八个非洲裔外来人员"[①]。通过非法渠道进入广州的非洲人多来自非洲的赤贫地区,他们没有任何商业资本只是依附于商人来华打工。这些人居无定所也很难找到固定的职业,一旦无法解决温饱问题就很容易走上犯罪道路。非洲裔外来人员聚居区内充斥着贫困与混乱,再加上各类犯罪活动多发且难以管理,这里逐渐被冠以"问题街区""巧克力城"等称谓。

二、广州非洲裔外来人员聚居区的社会影响分析

随着在广州工作和生活的外籍人口,特别是非洲裔外来人员的不断增多,原有的非洲裔外来人员和当地高度混杂的共生社区逐渐消失。具体来看,在非洲裔外来人员融入当地居民社区的过程中,被动隔离机制和房屋租赁市场的限制机制,使非洲裔外来人员和当地居民在居住模式和居住区位上形成了明显的分化,不同阶层的非洲裔外来人员开始有规律地向城市的不同片区聚集。非洲裔外来人员与当地居民、非洲裔外来人员间的居住空间分异格局初现端倪:一些生活设施简陋、居住环境较差的旧街区是第一代非洲裔外来

---

① 方英:《外籍人聚居区分布规律及其影响因素——以广州为例的研究》,《广州大学学报》(社会科学版),2010年第10期。

第六章　广州非洲裔外来人员聚居区的形成与族裔居住隔离现象的萌发

人员进入广州后居住所在地,已形成了"聚居区族裔经济形态",逐步成为从事商品贸易的非洲裔外来人员首选居住地;一些"城中村"和城乡接合部则开始成为低收入非洲裔外来人员或"三非"群体的集散地;一些在跨国公司从事高级管理的非洲裔外来人员则多在一些环境较好、生活设施完备、交通便利的社区中居住。随着非洲裔外来人员与当地居民居住分化的局面初现端倪,其带来的社会问题也开始逐步显现。

第一,治安混乱和不稳定因素的标签化。在非洲裔外来人员进入广州的过程中,通过"租金"的过滤作用,具有不同租金承受能力的非洲裔外来人员形成了不同的聚居区。居住模式和空间上的分化很难在短时间内改变,特别是底层非洲裔外来人员——受到自身经济实力的制约,聚居在生活设施简陋、环境恶劣的片区,有可能在相当长的时间内都要在此居住,久而久之就形成特定的地域景观。底层非洲裔外来人员和"三非"人口聚居在一些"城中村"和城乡接合部,"租金"的过滤将他们聚集起来。在此居住的非洲裔外来人员多为来华非洲裔外来人员群体中的低收入阶层,他们依附于同族裔的商人,以打零工或从事小型贸易为生,文化程度偏低。然而贫困并非一个孤立的因素,随着贫困率的上升将会带来一系列其他社会和经济问题,如生活设施简陋、街区破败、暴力犯罪上升。这些后果相互作用、不断强化逐渐固化为群体的社会标签,无异于将原本已经初现端倪的族裔矛盾放大。从长期来看,这种标签化的排斥机制很有可能从部分非洲裔外来人员群体的标签化走向非洲裔外来人员集体被边缘化,推动族裔居住隔离形成。

第二,社会问题的聚集和再生产。由于非洲裔外来人员底层阶级的收入很不稳定,来华非洲裔外来人员众多但工作机会有限,当失去稳定的生活来源后,他们可能通过非法途径谋求生存,导致城市的社会问题渐增。首先,一部分人为了生存铤而走险贩卖毒品,甚至抢劫、偷盗走上犯罪的道路。据统计,2000 年前广州市外国人犯罪数量占市人民法院自办案的比例不足 5%,2010 年该比例上升至 18%,其中贩卖毒品比例占据案件数量的 68%,为广州市毒品犯罪案件的 44.45%。①其次,"三非"群体对外籍流动人口的社会管理形成新的挑战。尽管广州市政府在外籍流动人口管理中进行积极探索,但"三非"问题仍未得到有效遏制。从 2008 年到 2010 年,广州被扣留审查的"三非"外籍人口数量分别为 498 人、1375 人和 1498 人,呈现逐年增加的趋势。②实践中,民警在查处"三非"人口过程中往往面临许多困难。例如 2009 年 7 月,在广州警方检查护照过程中发生了非洲裔外来人员逃跑猝死事件,引发上百名非洲裔外来人员袭击当地派出所,2013 年类似情况再次发生。大量非洲裔外来人员进入广州聚居已经带来了严重的社会问题,由于当地居民的抵触和排斥,生活在这里的底层非洲裔外来人员因为缺乏必要的资金、文化和技能,相当部分无法摆脱贫困的生活状态,于是他们的部分人员开始在生活中表现出种种不良行为,在扰乱社会治安的同时发泄自身的不满,但这些行为反而进一步强化了当地居民社会的抵触与不安。

---

① 参见黎杰翠:《从外国人涉罪情况探析外国人管理机制——以广州市检察机关办理的外国人犯罪案件作为实证分析》,《法治论坛》,2012 年第 1 期。

② 参见田艳珍:《广州市外籍流动人口社会管理创新机制研究》,广州大学硕士学位论文,2013 年,第 38 页。

第三节　非洲裔外来人员居住隔离形成的
可能性与治理导向

一、非洲裔外来人员居住隔离形成的可能性分析

目前,非洲裔外来人员与当地居民的居住隔离在西方国家也已形成。例如,前文所述的美国在种族隔离主导下的居住隔离,英、法公共住房改造计划影响下形成的居住隔离,以及瑞典等北欧国家受产业分布影响形成的居住隔离。需要注意的是,在族裔矛盾初现端倪的情况下,避免广州形成族裔居住隔离仍具有一定难度。但是与西方国家相比,我国无论是居住空间的分布格局、政府的管理能力,还是社会分层现状,都具有避免居住隔离形成的先天优势(见图6.1)。

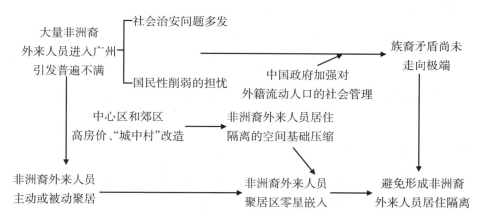

图 6.1　广州非洲裔外来人员居住隔离形成的可能性分析
资料来源:作者自制。

居住隔离现象的生成机制及其社会影响研究

第一,非洲裔外来人员聚居区的零星嵌入是避免大规模族裔居住隔离的空间基础。二战结束后,西方国家的城市化进程开始步入"后现代化"阶段,郊区化趋势日趋明显,城市中心区房价迅速回落,取而代之的是郊区住房市场的繁荣,很多城市的中心城区都成为非洲裔外来人员、拉美裔的天下,族裔居住隔离的空间格局随之日渐明晰。广州的情况则与美国大有不同。作为一线城市,广州市中心城区和部分郊区的房价都很高,这在一定程度上压缩了非洲裔外来人员社区居住隔离的空间基础。与此同时,天河区、三元里等区域的"城中村"、棚户区改造也在有序推进,进一步压缩了形成非洲裔外来人员社区居住隔离的空间基础。特别是考虑到广州的非洲裔外来人员聚居区是零星嵌入,因此即使部分社区成为事实上的非洲裔外来人员聚居区并出现了滑向居住隔离的征兆,却也不至于像美国的族裔隔离呈现大面积集中连片状态。

第二,中国政府对外籍流动人口的社会管理能力是避免大规模族裔居住隔离的保障性支撑。为加强对外籍流动人口的管理,广州市、区两级政府建立起"外籍人员管理工作联席会议"制度,搭建起涵盖公安、检察院、工商、税务等 36 个职能部门的联络平台。工商、税务、劳动、卫生等方面多管齐下,改变公安机关单兵作战的局面,有效地遏制了"三非"群体的生存空间。在公安系统内部,市、区(县)两级公安机关分别成立外籍人口管理工作领导小组,"一把手"担任组长统筹外管工作。在职责明确方面,通过搭建"市分局—区分局—派出所"三级工作网络,明确了各级公安机关职责。在日常管理方面,采取管理与服务引导相结合的方式。一方面,以出租屋和工作企业为单位进行外籍流动人口登记,重点区域加强安保措施,在外籍人口密集的街道建立"外籍人口管理服务工作站",配备专门管理人员。另一方面,以确保安全和便于管理为原则,引导外籍人口避开"问题街区",入住条件较好的成熟住宅区。

第三,族裔矛盾尚未走向极端是避免形成大规模族裔居住隔离的社会基础。正如前文所述,严重的阶层分化和种族隔离是产生居住隔离的主要推手。20世纪90年代末,随着外籍人口特别是非洲裔外来人员大量进入广州,广州市的社会空间结构经历了剧烈演变,社会不稳定因素增多,但族裔矛盾整体相对缓和,仍处于可控范围。出于对非洲裔外来人员可能引发的社会治安问题的恐惧,以及对"国民性"被削弱的担忧,广州居民对一波接一波汹涌而至的非洲裔外来人员入穗大潮感到不满。但中国既没有出现向美国那种程度的结构性种族分裂,也不存在像英国公共住房分配等容易引发族裔激烈冲突的敏感问题。因此,广州市政府通过加强对非洲裔外来人员,特别是"三非"群体的管理,就能够有效防止矛盾的激化。因此相比较西方国家,如果加强对流动人口的管理,我国现在的非洲裔外来人员聚居区不易发展成为大规模的族裔居住隔离。

二、治理导向:倡导"以服务促管理"

联系前文的分析,随着广州开放程度的快速提升,人口多元化和社会空间结构的演变,再加上族裔矛盾和社会问题等因素的催化,广州市的族裔居住分化现象已经开始萌发并扩散。虽然相比欧美国家,广州的非洲裔外来人员居住隔离总体处于萌芽阶段,但绝不能因此而轻视。从西方国家的经验教训来看,如果不及时采取有效的政策干预,族裔居住分化现象有可能全面升级。因此,为了维护社会的稳定与和谐,必须构建相应的治理和疏导体系。总体来看,这些措施包括强化外籍流动人口的日常管理和服务、倡导和推进"以服务促管理"的外籍流动人口社区建设、强调构建政府规范性管理和社区服务管理双向互动机制、制定多元主体参与涉外管理战略。其中,倡导和推进"以服务促管理"的社区服务管理模式包含两个方面:一是通过提升公共服务供给品质、扩大服务范围等途径,避免非洲裔外来人员社区被边缘化或滑向破旧黑暗社区;二是通过完善城市规划布局、推进老旧城区改造,继续保持非洲裔外来人员社区的零星嵌入状态,避免扩大,乃至集中连片占据某些区域,这对于防止形成大规模族裔居住隔离具有直接的政策意义。具体来看,"以服务促管理"包括保障与福利管理、外籍流动人口动态掌控和社会融入三个层面。

第一,社会保障与福利提供。对外来合法移民实现社会保障与福利的全覆盖是推动"以服务促管理"的突破口。社会保障与福利提供旨在以医疗卫生、基础教育、宗教信仰、公共安全、生活融入等方面的公益性服务,鼓励外籍人口合法移民。需要注意的是,提供公益性服务并不意味着无差别,要体现贡献性和非贡献性的差异,强调权利和义务对等。以教育和生活服务实现外籍人口的语言沟通技能培训和文化习俗教育,以医疗卫生服务实现对外籍人口卫生服务管理,正视外籍人口的宗教需求,尊重其在语言、习俗和文化上的特点,将外籍人口宗教纳入依法管理轨道。

第二,外籍流动人口动态掌握。掌控外籍流动人口动态是推动"以服务促管理"的基本前提。通过提供公益性服务来鼓励外籍流动人口自觉办理居留登记,呼吁房屋出租人主动办理涉外房屋租赁记录,配合社区管理机构的入户调查工作。落实外籍人口和实有住房情况,加强部门间协作,实现社区全覆盖。以外籍人口的生活轨迹作为掌握其动态的辅助渠道,通过酒店、旅馆住宿登记和企业用工信息登记多种渠道采集流动人口信息。建立外籍流动人口共享数据库,以地方信息共享建设为主要单元,打破部门分割和信息孤岛而带来管理真空的局面,对有不良记录者进行严格监控。

第三,推动非洲裔外来人员的社会融入。当地的外籍流动人口管理部门与现有公共服务体系并没有形成对非洲裔外来人员的良好覆盖,无论是文化活动、生活服务还是基本生活信息的供给。在信息供给方面,存在主体缺位、内容单一的问题,信息的可获得性和覆盖面都难以满足非洲裔外来人员的基本需求,影响他们融入地方生活。社区作为直接的管理服务窗口,对于外籍人口的结构层次和需求层次有更全面、深入的了解。因此,围绕"以服务促管理"的核心理念,将社区作为向非洲裔外来人员提供基本生活信息的主要渠道,做好就业、住房、文化、医疗、餐饮等精致全面的生活信息供给。从已有的调查研究来看,非洲裔外来人员居住相对集中的原因之一是住房信息获取量较少,他们非常希望有机构可以为他们提供住房信息,摆脱目前糟糕的居住状况。① 由社区提供住房信息,可以有意识的避开非洲裔人口相对密集的地区,继续保持非洲裔外来人员社区的零星嵌入状态,避免扩大,乃至集中连片占据某些区域。此外,在老旧社区改造过程中,可以将非洲裔外来人员聚居区纳入改造提升计划,改善住宿条件和基础设施条件,既能为非洲裔外来人员提供更多的住房选择,又在一定程度上可以避免负面情绪的聚集,这对于防止形成大规模族裔居住隔离具有直接的政策意义。

---

① 参见田慧:《非裔外来人员社会融入障碍与社工介入研究——基于广州市越秀区 DF 街道的实践》,吉林大学硕士学位论文,2015 年,第 27 页。

第七章
居住分异下的公共参与：国际社区外籍居民的社区公共事务参与

第一节　问题的提出

一、选题背景及研究意义

　　党的十八大以来，党和国家高度重视社会治理，为此作出了一系列重大决策部署。而党的十九大进一步对加强和创新社会治理提出了新要求、新任务和新挑战，着力打造新时代共建共治共享的社会治理格局。社区治理是社会治理的基础性工程，加强社区治理体系建设，是"推动社会治理重心向基层下移"的重要举措，也是"提高社会治理社会化、法治化、智能化和专业化水平"①的基层实践。

　　随着世界范围内国际移民活动的常态化，国际社区作为一种新兴的特殊

---

① 《决胜全面建成小康社会　夺取新时代中国特色社会主义伟大胜利——在中国共产党第十九次全国代表大会上的报告》，人民出版社，2017 年，第 49 页。

第七章　居住分异下的公共参与:国际社区外籍居民的社区公共事务参与

社区形态,在我国如雨后春笋日渐涌现。近十几年间,北京、天津、上海、广州等地的国际社区蓬勃发展,类型殊异且日趋多样化,治理模式与成效各有千秋,形成了各具特色的本土实践和地方经验。2019 年北京市政府工作报告强调"推进国际人才社区建设,打造国际人才港"①,更是将国际社区的治理置于国家和城市发展的重要位置。国际社区与以往传统意义上的社区有较大的不同, 其自身居民构成的多元化和复杂性无疑为治理增加了更大的难度和阻力,其扩大和普及也为我国的社会治理机制和社区治理体系带来了不小的考验和挑战。作为国际社区治理主体之一,外籍居民的诉求决定着治理的出发点和大方向,他们的反馈影响治理的落脚点与着力点,他们的参与和国际社区的治理可谓休戚相关。因此基于外籍居民的视角考察国际社区治理的现状与前景,是具有很强的现实意义和可操作性的。

研究国际社区的治理问题,特别是研究外籍居民在国际社区治理中的参与问题, 一方面响应了党的十九大关于提高社会治理专业化水平的要求,符合建设国际人才社区的需要,为政府相关决策和政策的制定推行提供必要借鉴和有益建议;另一方面也为解决我国国际社区治理中面临的具体问题提供了建设性思路, 有助于更好地了解并满足外籍居民对国际社区的真实诉求,有利于所牵涉的各方主体在能力范围内提升参与社区治理的水平,为处理复杂的国际社区治理问题提供符合中国实际的可行方案,为全球化背景下中国的社区治理和城市发展描绘蓝图并指引方向,维护社会和谐稳定,促进居民幸福安康。

---

① 《2019 年政府工作报告——2019 年 1 月 14 日在北京市第十五届人民代表大会第二次会议上》,《北京日报》,2019 年 1 月 23 日。

二、主要问题

本章主要围绕外籍居民在国际社区治理中的参与状况展开研究,通过对典型个案 M 社区和 H 社区所进行的充分调研,探究外籍居民参与国际社区治理的可能,考察他们是否具有参与意识、是否愿意且能否参与、目前的参与渠道有哪些、这些渠道是否畅通、参与效果又如何,进而分析影响其参与的各方面因素,由此以外籍居民真实诉求为导向,探索国际社区治理的新模式与新方向。

本章的创新点在于,先前的研究多着眼于国际社区治理中的政府角色定位和政府管理问题,并在不同程度上提出了相近的观点,即政府应转变管理方式,适当减少在社区治理事务中的参与强度。这些研究具有很高的参考价值,但仅从政府的角度思考社区治理问题未免片面,社区是居民的社区,国际社区中的外籍居民真正诉求是什么,以怎样的方式提升外籍居民的参与度和社区治理水平,仅依靠理论研究是无法得出这一结论的。本章将外籍居民在国际社区中的自治参与纳入治理框架,通过实地调研考察外籍居民的实际状况,致力于帮助国际社区了解、回应并满足外籍居民对社区的真实诉求,动员外籍居民主动参与并融入国际社区的治理之中,为国际社区的治理完善添砖加瓦。

本章的研究亦面临着一些难点。首先,对于外籍居民统计数据的普遍缺乏,使得笔者可以参考和采纳的数据资料十分有限。其次,语言的制约使调查存在困难,外籍居民的国籍构成十分庞杂,笔者所掌握的中、英两种语言很难应对与一部分国家外籍居民的沟通,如在实际调查中发现部分韩国籍居民对于中、英文均不甚熟练,这对访谈过程造成了一定阻碍。最后,由于外籍居民数量本就有限,国际社区又属于相对封闭的独立空间,外籍居民普遍表现出一定戒备心理,接触难度较大,调研过程曲折。考虑到以上现实情况,笔者更多地将重心放在与国际社区相关组织工作人员的访谈工作上,采纳大量访谈记录进行整理分析,最终顺利完成了调研工作,达成了预期的研究目标,得出了本章的研究结论。

三、研究方法

本章主要采取定性研究的方法,具体包括文献资料的收集、调查研究和实地研究,其中以半结构式访谈为主对典型社区进行个案分析。

笔者选取的两个国际社区 M 社区和 H 社区分别位于北京和天津两地,其居民构成和社区治理在全国范围内均具有一定的代表性,为笔者的研究提供了理想的观察范本。调研于 2017 年 3 月至 2019 年 3 月期间展开。笔者对两社区进行了走访调查,调查对象为两社区的外籍居民、本地居民及社区工作人员,对八位不同身份的受访者进行了半结构式访谈,对部分受访者在调研期间进行了多次访谈。每次访谈时间为 1~1.5 个小时。访谈主要以面对面访谈形式展开,访谈内容以各方所提供的信息饱和度为标准。调查的八位受访者,在性别结构上,由五位男性和三位女性构成;在社会身份上,除两位外籍居民和一位中国居民志愿者外,其余受访者均为国际社区的工作人员,包括社区居委会、党群服务中心、国际社区服务中心等组织的工作人员及相关负责人。

第二节 文献回顾及理论综述

国际社区的治理作为一个世界性的课题,自国际社区形成之初便受到了各国学界的广泛关注,并于近年来更多地进入大众视野。以往的研究大多从

居住隔离现象的生成机制及其社会影响研究

移民和社区两个主体角度出发展开讨论：一方面基于国际移民角度，关注国际移民在移居地的生活状况，以此聚焦进行社会适应和社会融入分析；另一方面则是基于社区的视角，梳理国际社区的形成与发展、类型分化与治理逻辑，在"国家与社会"分析框架之下探讨政府在国际社区治理中的定位并提出治理建议。以上两方面研究目前在国内外学界占据主流，而着眼于国际社区治理中外籍居民角色的研究成果则鲜少有见。

为追溯外籍居民参与国际社区治理这一选题的各方面关联，笔者认为需要从国际移民和国际社区、社区参与以及国际社区治理这三个向度入手回顾前人的研究。

一、国际移民和国际社区向度

全球化背景下，世界进入"移民时代"①，族裔聚居区应运而生，这便是国际社区的雏形。西方学者的研究关注族裔聚居区的形成与变迁，聚焦于对移民过程的单向研究，包括对从祖籍地到移居地的移民动因、移民过程与移民结果的分析。其中对移民结果的研究考察了移民的社会适应和社会融合，诞生了三种比较主要的理论派别，即古典同化论、多元文化论和分层同化论。古典同化论认为，随着移居时间的延长，移民将逐渐摒弃本族裔的文化传统，以族裔聚居区为跳板，向上流动融入主流社会，实现同化与融合，原有的族裔聚居区随之衰落；多元文化论持相反观点，主张移民难以被完全同化，文化多样性不可或缺，不同族裔的文化彼此适应、相互依存，主流社会得到重塑；分层同化论则融合了上述二者的观点，强调互动整合，移民有选择地基于不同层

---

① Stephen Castles and Mark J.Miller, *The Age of Migration : International Population Movement in the Modern World.* NewYork : The Guilford Press, 1998 : 1.

面,多向分层同化并融入当地社会。①在后两种理论的解释框架下,族裔聚居区相对独立运行,形成互惠网络,获得社会资本,逐渐发展壮大。

当前现代国际移民发生巨大变化。除却传统族裔聚居区中占多数的处于社会较低阶层的低端移民,高学历、高收入、居于社会中坚阶层的新移民群体日益组建新的族裔聚居区形态,周敏和林闽钢将其称为转型后的或新型的族裔聚居区。②新型族裔聚居区相对而言更开放且更具国际化特色③,其中的一部分在政府的支持和推动下便演变成为我们所讨论的国际社区。

这些国际社区的形成,按郭圣莉等人在对上海国际社区进行的研究④中所指出的,存在三种路径:第一,基于国内招商引资和房地产开发的需要,辅之以外籍居民较高的收入和消费水平,迎合外籍居民需求为其量身定做"高品质"国际社区,成为中国最普遍的国际社区形成路径,位于上海浦东新区的碧云国际社区便是个中典型。第二,的心理导致外籍居民往往倾"逐群而居"向于选择相对集中且固定的空间居住,因此一些早期满足了外籍居民一定需求的社区,出于前期开发与移民聚居倾向的结合,在无特殊情况⑤影响下自然而然地发展成为国际社区并延续下去;国际社区形成的第三条路径则更加具有国际移民聚居区的一般特点,移民主动自发地聚居形成李志刚等人所言的"跨国移民聚居区"⑥,代表为北京望京地区的韩国人聚居区和广州小北路地

---

① See Alejandro Portes and Min Zhou, "Gaining the Upper Hand: Economic Mobility among Immigrant and Domestic Minoritie", *Ethnic and Racial Studies*, 1992(4):491-522.

② 参见周敏、林闽钢:《族裔资本与美国华人移民社区的转型》,《社会学研究》,2004年第3期。

③ 参见周雯婷、刘云刚、全志英:《全球化背景下在华韩国人族裔聚居区的形成与发展演变——以北京望京为例》,《地理学报》,2016年第4期。

④ 参见郭圣莉、吕红艳:《国家与市场的双重扩张:我国国际社区的形成与治理初探》,《中国第三部门研究》,2011年第2期。

⑤ 这里的"特殊情况"包括国际关系、国家政策、房地产开发、突发事件,等等。

⑥ 李志刚、薛德升等:《广州小北路非洲裔外来人员聚居区社会空间分析》,《地理学报》,2008年第2期。

区的非洲人聚居区等。

二、社区参与向度

社区参与是社区治理的一种方式,同时也是社区治理的核心要素。这一概念根植于西方政治传统,在中国的本土化过程中不可避免地面临一定张力。

理查德·C.博克斯在《公民治理:引领21世纪的美国社区》一书中强调居民参与社区治理的重要意义,指出社区公民治理是社区公民、社区代表以及社区实务工作者密切合作所组成的政治系统。[1]欧美社会具有悠久且深刻的公民参与传统,政府为社区参与提供了各种制度化渠道,便于社区居民形成自愿的互惠合作。

而社区参与在中国的本土化实践存在一定适应性困境。国家与社区之间的权力关系,导致了社区治理行政化导向和自治化导向的推拉,中国语义下的社区参与呈现出很强的"国家动员、群众参与"[2]的传统烙印。在此基础上,我国的社区参与可以被简单地分为社区社会参与、社区文化参与、社区经济参与和社区政治参与等。[3]也有不同的学者给出了更为细致的划分方法,如杨敏的研究指出,社区参与存在强制性参与、引导性参与、自发性参与和计划性参与四种类型,对应着福利性参与、志愿性参与、娱乐性参与和权益性参与这

① 参见[美]理查德·C.博克斯:《公民治理:引领21世纪的美国社区》,孙柏瑛等译,中国人民大学出版社,2014年,第32页。

② 刘岩、刘威:《从"公民参与"到"群众参与"——转型期城市社区参与的范式转换与实践逻辑》,《浙江社会科学》,2008年第1期。

③ 参见王刚、罗峰:《社区参与:社会进步和政治发展的新驱动力和生长点——以五里桥街道为案例的研究报告》,《浙江学刊》,1999年第2期。

四类经验代表，不同类型的参与主体和参与动机各不相同。①而黄荣贵、桂勇将社区参与划分为：强调参与者被体制动员，具体行动被纳入体制化表达渠道之中的体制化社区参与；参与行为并未得到现有体制的支持，而其具体指向又具有一定抗议政治特征的抗议型社区参与；以及由自发参与到公共事务中去的动机所驱动的公共型社区参与。②王敬尧则在其研究中指出，居民参与包括政治层面的他组织形式、公共管理中的自组织形式和公共政策层面的地方政府与居民组织互动合作的参与三种形式。③

不同领域的学者亦针对社区参与的影响因素做出了各自的解释。第一种解释的角度是理性选择视角。"浅互惠"论和"利益依赖"论均认为，居民与居民委员会之间形成的公共利益和资源依赖，是促使居民成为社区治理积极活动者的直接动因。④而基于社会主义传统的文化理论则不同意这一观点，他们更倾向于用我国传统单位制所遗留下来的依赖性文化加以解释，将居民的参与归因于自身心理和精神上的积极诉求。杨敏以志愿性参与为例，指出社区中党员和组长等积极分子的志愿心理，更多是在于社区活动让他们找回了自我实现的机会和久违的集体归属感。⑤更多学者选择社会资本理论来构建解释框架。潘柄涛对深圳三个村改居社区的实证研究表明，社会资本（包括网络、信任、互动和规范）对社区参与（包括选举参与、利益表达）具有较强解释

---

① 参见杨敏：《作为国家治理单元的社区：对城市社区建设运动过程中居民社区参与和社区认知的个案研究》，《社会学研究》，2007 年第 4 期。

② 参见黄荣贵、桂勇：《集体性社会资本对社区参与的影响：基于多层次数据的分析》，《社会》，2011 年第 6 期。

③ 参见王敬尧：《参与式治理》，中国社会科学出版社，2006 年版。

④ 参见黄荣贵、桂勇：《集体性社会资本对社区参与的影响：基于多层次数据的分析》，《社会》，2011 年第 6 期。

⑤ 参见杨敏：《作为国家治理单元的社区：对城市社区建设运动过程中居民社区参与和社区认知的个案研究》，《社会学研究》，2007 年第 4 期。

力。①黄荣贵等人则进一步采用垂直型社会资本与水平型社会资本对居民的社区参与进行研究,得出了水平型社会资本促进社区参与,而垂直型社会资本仅促进体制化社区参与这一种参与类型的结论。②

三、居住分异与国际社区治理的向度

针对国际社区治理的相关研究,笔者将从外籍居民是否参与社区治理的角度出发进行梳理:一种是由于空间隔离所导致的"不参与",主要讨论空间隔离的特征及成因;另一种则是对外籍居民在国际社区中的"参与"状况研究。

(一)不参与:国际移民的社区空间隔离

在中国,国际移民所形成的社区空间在很大程度上呈现出一种相对隔离的状态,这种现状某种意义上使得外籍居民的参与治理无从谈起。

钱前、甄峰等人在对南京市苜宿园大街周边国际社区进行的调查中发现,尽管国际社区中外籍居民的比例不断增大,本地根植性不断增强,但他们仍未深度融入社区氛围,呈现出同国籍居民群居、社交网络相对封闭等特征③,处于一种空间隔离状态。而这种生活状况显然在全国范围内都具有较高的代表性。

那么这种空间隔离是如何产生的呢?很多学者针对不同族裔进行了探讨。李志刚等人在对广州小北路非洲裔外来人员聚居区的研究中指出,出于

① 参见潘柄涛:《社会资本与居民社区参与——基于深圳3个村改居社区的实证分析》,《学习与实践》,2009年第6期。

② 参见黄荣贵、桂勇:《集体性社会资本对社区参与的影响:基于多层次数据的分析》,《社会》,2011年第6期。

③ 参见钱前、甄峰、王波:《南京国际社区社会空间特征及其形成机制——基于对苜蓿园大街周边国际社区的调查》,《国际城市规划》,2013年第3期。

对异国环境的陌生和抵触，非裔移民主动选择聚居以实现低成本的发展，增进了其与本地社会的联系，但当地居民和管理部门对非裔居民的聚居往往持排斥和抵触态度，采取抬高租金、强制拒租等各种措施有目的地限制他们的入驻，被动隔离现象明显；①而随着近年来大量"三非"非洲裔外来人员的流入，加之以一系列蓄意设置的隐形屏障，居住隔离和分异格局愈演愈烈。②周雯婷等人对上海古北地区日本人群体的研究则指出，由于中日关系复杂，中日居民双方长期缺乏互信，导致日本人群体往往选择通过主动聚居和主动隔离的方式来寻求居住安全，这种心理保护和抵御可见来自于当地社会的排斥；③刘云刚等人对此做了必要的补充，认为日本人对族裔经济的高度依赖，亦加剧了他们生活空间的封闭性与隔离性。④而在周雯婷对望京地区的研究中则发现，韩国人聚居区的空间隔离程度相对较低，中、韩混居形态常见，这大部分得益于其双重族裔属性，借助与中国朝鲜族这一中间缓冲媒介之间的共生关系，得以迅速融入当地社区，但国民意识、身份认同、生活习惯等各方面的差异致使韩国人和当地主流社会"貌合神离"，实质上亦处于较为隐蔽的隔离状态。周雯婷等人更进一步地敏锐地进行了如下分类与总结：非洲人、日本人和韩国人分别代表着"低端移民""高端移民"和从"低端移民"到"高端移民"皆有的群体，这三个群体的融入状况分别呈现出"主动融入、被动隔离"

---

① 参见李志刚、薛德升等：《广州小北路非洲裔外来人员聚居区社会空间分析》，《地理学报》，2008年第2期。

② 参见赵聚军、安园园：《广州非洲裔外来人员聚居区的形成与族裔居住隔离现象的萌发》，《行政论坛》，2017年第4期。

③ 参见周雯婷、刘云刚：《上海古北地区日本人聚居区族裔经济的形成特征》，《地理研究》，2015年第11期。

④ 参见刘云刚、谭宇文、周雯婷：《广州日本移民的生活活动与生活空间》，《地理学报》，2010年第10期。

"避免融入、主动隔离"和"主动融入、隐性隔离"的特点。①

（二）参与：政府主导下的有限参与

中国国际社区中的空间隔离现象较为普遍，但也仅仅是一方面，社区内部在政府主导下的外籍居民有限参与，也是较为常见的情况。

谭玉、蔡志琼的研究将国内对国际社区的治理模式总结为以下三个类型：行政色彩较浓厚的北京模式、多元共治的广州模式以及半自治式的上海模式。②其中上海模式下的政府仅发挥指导、监督和支持作用，外籍居民实现了对社区事务有限的自治参与。颇有影响的是 2002 年澳大利亚人杰森·波汉和新加坡人吕丽莲入选上海浦东仁恒滨江园居委会，成了"洋居委干部"。2007 年上海长宁区古北新区还成立了由街道干部、社工干事、居民代表、物业公司代表等 16 人组成的社区委员会，其中有 5 位外籍居民。③这些都是鼓励外籍居民参与国际社区治理的先进尝试，但在实践中引起较大争议，并且由于受到外籍居民流动性和文化差异等各种主客观条件限制而收效甚微。

总体来看，中国现存的国际社区治理模式大多依旧仿照传统社区治理模式加以构建，实践中在政府管理的基础上加入了适当柔性互动以加强外籍居民的融入感，政府在治理过程中的角色定位突出且与社区的上下从属关系明显，外籍居民的参与存在但十分有限，难以形成稳定的长效机制。

很多学者就外籍居民在国际社区中的治理参与提出思考。谭霞、林移刚的研究基于优势视角，主张充分挖掘并发挥外籍居民的语言、知识、时间及价

---

① 参见周雯婷、刘云刚、全志英：《全球化背景下在华韩国人族裔聚居区的形成与发展演变——以北京望京为例》，《地理学报》，2016 年第 4 期。

② 参见谭玉、蔡志琼：《外籍人员聚居区管理中的政府角色探析——以北京市望京"韩国城"为例》，《大庆社会科学》，2014 年第 3 期。

③ 参见李舒、季明：《老外参与社区管理"试水"》，《□望》，2008 年第 13 期。

值观等优势，通过资源整合使其成为社区治理的参与主体。[①]菅强亦强调需充分发掘外籍居民自身的社会资源，盘活社会资本，同时也指出应最大限度地调动外籍居民参与社区治理的积极性。[②]但这些研究都只是从某一个孤立的角度提出治理建议，而并没有指出究竟为何外籍居民对于国际社区参与缺乏积极性，没有整体性地讨论和分析影响外籍居民参与的诸多因素，也就无法从根本上解决其中的张力和困境。

第三节　理论基础及概念界定

学界对国际社区治理领域的诸多概念尚未达成普遍共识，笔者认为在进行具体讨论之前，有必要对本章涉及的核心概念进行说明和界定。

一、国际社区相关理论及其概念

（一）社区

社区概念发轫于西方，20 世纪 30 年代由我国社会学家吴文藻引进而真正传入中国。尽管学界对社区所下的定义繁杂而不尽相同，但普遍认为社区的基本构成要素包括共同地域、共同利益、共同意识，等等。

在我国的现实生活中，国家与社会力量的此消彼长形塑了对社区的两种不同理解：第一种解释是地方性的生活共同体，即城市社区应被定义为，一定量人口共同生活于其中的，在此过程中形成共同地域观念、一定认同感和归

---

①　参见谭霞、林移刚：《优势视角下的国际社区治理路径研究——以重庆市红岩村社区为例》，《社会工作与管理》，2019 年第 1 期。

②　参见菅强：《社会转型视野下国际化社区治理路径探析——以上海市 G 社区为例》，《河南社会科学》，2013 年第 5 期。

属感,遵循公共组织制度、生活方式、社会文化的社会生活实体①,这种解释将社区视为一个社会和空间复合单元,较为接近理论研究上对于社区的界定;而另一种理解则更具政治色彩,根据 2000 年 11 月中央办公厅和国务院办公厅发布的《民政部关于在全国推进城市社区建设的意见》②,将社区定义为"经过社区体制改革后做了规模调整的居民委员会辖区",即社区是被强制划分、与居民委员会相依附的地域范围,更加强调政治与空间的结合。

本研究采纳上述第一种解释进行代表性社区的选取。

(二)国际社区

关于国际社区的概念,学界至今尚未形成公认的权威定义和界定标准。2002 年上海草拟《浦东新区国际化社区的建设目标和发展规划》,提出以社区中居住外籍居民的数量比例作为衡量标准,社区中常住的外籍居民占到社区居住人口的 30%以上,这样的社区即为国际社区。③亦有学者提出北京标准为 20%。从当下国内具体实践来看,在包括北京在内的多数城市,外籍居民比例在 20%以上的社区通常都被地方政府视为国际社区的范畴。④本章采用的是 20%这一比例。除却单纯的量化考量,本章更倾向于认同牛仲君和崔越研究中提出的界定标准,即"国际化的居民"和"国际化的社区文化"⑤。"国际化的居民"要求社区中的外籍居民数量达到一定比例;"国际化的社区文化"则强调社区认同和社区融合,要求外籍居民在社区事务中发挥作用。

---

① 参见戴春:《社会融入:上海国际化社区建构》,中国电力出版社,2007 年,第 147 页。

② 《民政部关于在全国推进城市社区建设的意见》(2000 年 12–12),央视国际,http://www.cctv.com/news/china/20001212/366.html。

③ 参见戴春:《社会融入:上海国际化社区建构》,中国电力出版社,2007 年,第 30 页。

④ 参见牛仲君:《从文化角度看北京市的国际化社区建设——以麦子店、望京社区的发展为例》,北京市社会科学界联合会编:《2011 城市国际化论坛——全球化进程中的大都市治理(论文集)》,2011 年。

⑤ 牛仲君、崔越:《北京的国际化社区建设——麦子店、望京社区的发展》,《当代北京研究》,2012 年第 1 期。

第七章　居住分异下的公共参与：国际社区外籍居民的社区公共事务参与

具体来说，国际社区可以分为以某一外国籍居民为主体的国际社区(可被称为"一元国际社区")和多国公民杂居、没有哪一国公民的比例占绝对主导的社区("多元国际社区")。这两种国际社区类型在本研究中都有所覆盖。

二、社区参与相关理论及其概念

（一）社区治理

社区治理，是指由政府、社区自治组织以及社区居民等多元主体共同管理社区公共事务的活动。这一概念与社区管理不同。社区管理更具行政色彩，强调的是政府这一主体的领导和核心地位。而社区治理则是从治理理论出发，在说明政府地位的同时，更强调政府并非起到主导作用，而应进行引导和服务，最终目标是使社区呈现"自治"状态，即自我教育、自我管理、自我服务和自我约束。社区治理中的多元主体共同参与社区事务，职责明晰同时又相互依赖，从而更好地扩大民主、整合资源并促进社区建设。

（二）居民参与

社区治理中的居民参与主要包括对社区公共事务的决策、管理和监督。对于社区的居民参与类型，很多学者都提出了不同的划分方式。本章的研究将外籍居民的参与分为政治参与、经济参与、社会参与和文化参与四个方面加以考察。

其中，政治参与，主要包括外籍居民参与居委会、党群服务中心及其他专门设立以反馈外籍居民政治诉求的组织的选举、决策、管理和监督行为；经济参与，包括外籍居民参与业主委员会的选举、管理辖区内部事务及业委会内部事务，乃至在企业社区内围绕一个主导企业参与经济事务等；社会参与，包括外籍居民参与社区非营利组织(如社区居民志愿组织等)的运作；文化参与，主要包括外籍居民参与社区居民文体娱乐活动和社区宗教事务等。需要注意的是,关于政治参与这一类型,由于外籍居民在我国社区治理中的政治参与尚存在较大争议,且具体实践很少,故在本章中暂时不予详细讨论。

第四节　外籍居民参与国际社区治理现状分析

一、作为典型案例的 M 社区和 H 社区

近年来,国际社区在我国方兴未艾,已逐渐演变形成丰富的社区形态,类型亦日趋多样。目前我国的国际社区,从居民构成来看,形成了一元国际社区和多元国际社区两种类型,界定标准为社区中的外籍居民是否以某一国居民占主体;从形成路径来看,可分为自发聚居而成的国际社区和商业开发的国际社区两种类型;从区位条件来看,根据学者樊鹏的研究,可归纳为族群聚居型、外交型、新外交元素型、产业集聚型、商业生态型、教育辐射型等多种类型。[①]本章选取 M 社区和 H 社区为典型个案加以考察,主要是考虑到两社区在社区类型上的代表性、治理模式上的先进性以及社区自身的开放性和信息的可获得性。

作为自发聚居而成的新外交元素型多元国际社区的典型代表,M 社区位于北京市朝阳区,地处中央商务区(CBD)延伸带,毗邻以美、法、日使馆为代表的第三使馆区,拥有丰富的国际化资源。社区下辖 5 个自然小区,来自全球 93 个国家和地区的近一万名外籍居民常住于此,其中以外交人员、外企高管等高端人才为主。基于其得天独厚的地理位置和资源优势,M 社区于 2004 年提出了建设全国首个国际化社区的发展规划,并于 2013 年建立了全国首家

---

① 参见樊鹏:《国际化社区治理:专业化社会治理创新的中国方案》,《新视野》,2018 年第 2 期。

国际社区服务中心，2016年北京首家"文明驿站"亦落户于此。秉承"融入式国际社区"①的理念深入探索国际社区治理模式，其社区治理在全国具有领先性。

而H社区位于天津市红桥区，是专门针对外籍人士规模化开发设立的高标准国际社区，于2012年建成入住并成立了天津市首个国际居委会。社区囊括三个自然小区和一所国际学校等外籍人口集中的社会单位，大量外籍教师租住于此，形成了教育辐射型②的国际社区。外籍居民流动性高、住房租赁比例高是H社区的主要特点。它则是本章所研究的商业开发而成的教育辐射型多元国际社区的代表。

总体来看，这两个社区规模较大，外籍人口较多，大致可以反映我国北方城市国际社区的基本状况，大体涵盖了前文所提到的一部分国际社区类型，具有较高的代表性，并且治理模式具有一定先进性，为我们提供了研究外籍居民参与国际社区治理的理想样本。另外，为使研究所得结论更具可靠性和普遍性，笔者还调研了京津地区部分较具代表性的商业生态型、产业集聚型、族群聚居型③等不同类型的"多元"和"一元"国际社区作为补充案例加以参考。

能够顺利进入这些社区进行实地调研，得益于笔者2017年作为组长所申请的研究国际社区治理的"国创"项目。借此契机，笔者得以深入社区进行访谈和了解，获得了大量一手资料。此外，在组织开展项目调研的基础上，通过与社区工作人员的长期沟通和交往，在逐渐熟悉的过程中笔者亦获得了他

---

① 常放：《融入式国际化社区建设模式思考——以朝阳区麦子店街道为例》，《前线》，2015年第9期。

②③ 参见樊鹏：《国际化社区治理：专业化社会治理创新的中国方案》，《新视野》，2018年第2期。

们极大的帮助和支持,收集到了更加丰富的档案材料和实践资料,更加全面而深入地了解到国际社区的治理现状。

二、外籍居民参与国际社区治理的现状调查

笔者通过对八名国际社区内不同身份受访者的访谈记录分析,总结发现外籍居民在国际社区治理中的参与现状并不乐观,更多地体现为有限且固化的参与,呈现出参与热情低、参与范围窄、多集中于文化参与、参与缺乏双向互动的总体特征。

(一)参与热情低

在治理国际社区的过程中,各个国际社区采取各种尝试来与外籍居民增进沟通交流,采取诸多措施以鼓励外籍居民的参与社区共建,内容和收效各异,外籍居民有所参与但总体来讲热情并不高,外籍居民中的"积极分子"是国际社区工作人员口中的"难得的少数"。

M 社区的国际社区建设在全国范围内起步较早且成效颇丰,其中外籍居民参与社区治理及相关活动的情况亦较为乐观。笔者在调研期间先后两次对 M 社区的国际社区服务中心主任进行了半结构式访谈,间隔时间约一年半。两次访谈主任均表示,外籍居民在社区治理中的参与状况持续向好,"说不上人数多,但趋势是乐观的",并在第二次访谈中指出,参与人数有所增加,且年龄层次趋于年轻化。① M 社区表现出乐观的态度,而更多的国际社区对此却表达了各自的无奈。作为教育辐射型国际社区的代表,H 社区国际居委会主任告知笔者,该社区内的外籍居民 95% 以上都是国际学校的教师,最初出于学习语言的需要和对中国传统文化的兴趣,他们对社区居委会所组织的汉语

---

① 内容依据笔者 2017 年 10 月 7 日和 2019 年 3 月 7 日在北京市朝阳区 M 社区调研时对国际社区服务中心主任的访谈。

班参与热情较高,但随着对汉语的逐渐掌握,汉语班失去存在的必要而解体,外籍居民与居委会之间的纽带也就此中断。在日常生活中他们与国际学校联系更为紧密,大多数事务倾向于与学校对接,社区对他们而言更像是宿舍,对于社区事务他们认为并没有参与的必要。[①]笔者在对天津市某一商业生态型国际社区的工作人员进行访谈的过程中亦听到了这样的说法:"我们积极与社区内和外籍居民联系紧密的商业联盟合作,开办了一些活动,以服务于外籍居民的需求,加强彼此间沟通交流,但这些活动实际上只吸引了中国商户,外籍居民的参与热情很低。"[②]

（二）参与范围窄

"参与范围窄"这一特征体现在参与的主体和客体两个层面。参与主体的"窄"是指参与社区治理的外籍居民只是国际社区内庞大外籍居民群体中的一小部分,这一小部分群体具有自由闲暇时间较多且乐于社会交往的普遍特征,往往集中于家庭主妇、老人和孩子,且受国籍、年龄、职业等个人因素的影响较大。参与客体的"窄"则表现为外籍居民的社区参与仅局限于某些特定的领域,如文化活动、志愿活动等。

（三）多集中于文化参与

本章所讨论的居民社区参与,主要包括政治参与、经济参与、社会参与和文化参与四个层面,而在国际社区治理的具体实践中,外籍居民的社区参与大多集中于文化参与,其他层面的参与少之又少。与这一现状相对应的,各个国际社区结合当地居民特点和需求,均开展了丰富多彩的社区文化活动,以更好地服务中外居民。

---

① 内容依据笔者 2018 年 3 月 30 日在天津市红桥区 H 社区的调研。

② 内容依据笔者 2018 年 12 月 28 日在天津市南开区某一商业生态型国际社区的调研。

居住隔离现象的生成机制及其社会影响研究

　　M 社区的国际社区服务中心发展至今已十分成熟,打造了"中外居民过大年"、国家主题文化周等一系列社区文化品牌。其中"中外居民过大年"活动举办至今已是第十五届,2019 年春节该服务中心员工创新活动形式,与北京外交人员服务局合作共同"组织策划春节活动",吸引了中外居民近四百人齐聚共度春节,其网络平台直播亦吸引了 538262 人次在线观看;国家主题文化周则是依托其丰富的涉外资源,与周边大使馆建立长期联系与合作,定期开展,受场地限制每场规模基本保持在一百人左右,截至 2017 年已举办过 13 个国家的主题文化周;除服务中心组织的活动外,外籍居民也会主动反映自身诉求,自发组织文化活动,如曾在中秋节时主动借用服务中心场地一起做月饼。在常规活动中,汉语班和书法班是最受外籍居民喜爱的。M 社区自 2010 年起便积极与北京国际汉语研修学院、北京外国语大学合作,开设汉语学堂培训班,并自主设计汉语教材,免费为外籍居民教授汉语。而随着时间的推移,也有越来越多的外籍居民主动提供外语授课服务,以回馈社区居民。现在已固定每周一和周三为汉语班、周二和周三为英语班,公益志愿的双语班已成为 M 社区的一大特色。H 社区亦开办了类似的汉语班及书法班,参与人数在 15~20 人,课程基本每周一次,每次两小时左右,参与主体多为国际学校的教师、家庭主妇及小孩,而教师由于教学任务重而常常无法按约定参加。

　　此外,笔者在对天津市某一商业生态型国际社区的调研过程中发现,外籍居民在国际社区中也存在部分经济参与。由于该社区内韩国商户和企业居多,其党群服务中心工作的一大内容就是管理和服务这些韩企和商铺,而那之中的韩籍员工和经营者自然也通过经济活动与社区进行交流。但这种经济参与仅在商业生态型国际社区较为明显,并没有发展成为国际社区的普遍特征。

（四）参与缺乏双向互动

笔者在访谈中了解到，目前外籍居民在参与国际社区治理的过程中缺乏有效的双向互动机制，外籍居民与国际社区居委会、服务中心等组织的交流渠道很少，双方的直接沟通联络存在较大困难，多依托第三方力量。

外籍居民与国际社区的双向互动渠道可总结为以下三种模式："居委会—外籍居民""居委会—其他'官方'组织—外籍居民"和"居委会—居民代表—外籍居民"。第一种"居委会—外籍居民"模式下，居委会往往通过口口相传、微信群、微信公众号等方式直接与外籍居民进行联络，这种模式以 M 社区为代表。M 社区依托汉语学堂建立起了一个包括两百余名外籍居民在内的微信群，每周的汉语课程在群里报名统计人数，定期的书法体验、剪纸体验、太极体验等活动会通过微信群通知，同时外籍居民也会在群里反映一些自身的诉求。第二种模式则以 H 社区和笔者所调研的某商业生态型国际社区为典型。H 社区主要通过国际学校的相关负责人与外籍居民取得联系，而该商业生态型国际社区的工作人员则定期与当地韩企联络，以此为媒介向韩籍居民传达交流意愿和社区信息。第三种"居委会—居民代表—外籍居民"的互动模式则较为常见。H 社区早期是通过一位在中国已经居住了三四年、汉语流利的"中国通"建立起了与外籍居民的联系，而笔者所调研的天津市某产业集聚型国际社区则是通过一位就读于南开大学的韩国留学生作为"中间人"进行联络，但随着这些居民代表的陆续回国，这种模式下社区与外籍居民的联络也随即中断。由此可见，国际社区与外籍居民之间的双向互动机制尚不健全，交流渠道较为单一且固定，大多依靠暂时性的第三方力量，稳定而有效的沟通联络尚未实现。

三、影响外籍居民参与国际社区治理的因素分析

外籍居民在国际社区治理中的上述参与状况，受到诸多因素的共同影响。本章基于宏观、中观和微观三个层次做以解释和分析。

（一）宏观层次

1. 国际环境

国际环境与生活在国际社区内的外籍居民可谓休戚相关。国际关系的紧张往往动摇外籍居民与本地居民间的信任，导致国际社区的疏离乃至离散。笔者在北京望京韩国人聚居区调研时了解到,受到萨德事件的影响,大批韩国人搬离望京,仍居于此的韩国居民也与当地社区更为疏离。笔者在望京街头随机采访到的一位韩国店主直言："自从萨德事件后我们对中国人也保持了一定的戒备心,不太敢和他们交流。"①而前几年全球金融危机的背景下,大量韩企纷纷撤离中国,亦导致了国际社区内韩籍居民的流失。

2. 国家政策

政府对于国际社区建设的行政干预程度、政策法规的支持程度,都影响着外籍居民参与社区治理的意愿和能力。2014 年习近平提出将北京建设成为"国际一流的和谐宜居之都",2017 年北京市出台《关于推进首都国际人才社区建设的指导意见》,并下达了《2018 年国际人才社区建设任务分解书》,M社区作为首批试点区域之一,制定多项措施积极贯彻落实,这无疑对国际社区的建设和发展,以及外籍居民的国际社区参与形成了一定的政策激励。而需要指出的是,在国际社区治理的具体实践中,一定程度上不可避免地存在着行政化与自治化的张力，这也对外籍居民的社区参与造成了一定的局限。

---

① 内容依据笔者 2019 年 3 月 7 日在北京市朝阳区望京街道调研时对一位韩国店主的访谈。

政府在国际社区治理的顶层设计上政策收紧,加强控制,阻滞一些事务上的居民参与,也会使外籍居民的参与动力有所降低。

(二)中观层次

1. 社区治理水平

不同于传统意义上的社区，国际社区内的外籍居民具有较大的特殊性、异质性和流动性,这对国际社区治理水平提出了较高的要求,同样社区治理水平也反过来影响着外籍居民参与社区治理的积极性。在国际社区的治理过程中,不同主体的认知和需求错位,是解决外籍居民社区参与问题所面临的主要困境和最大挑战。

第一,社区环境建设水平。国际社区的环境建设涉及软硬件设施两方面。在硬件设施上,双语标识的设置、更新和校对必不可少,改善老旧设施并进行大尺度绿化[①]建设,普及并规范国际学校和医院等基础设施建设,都有助于打造便捷舒适的社区空间。软件设施方面,培养国际化社工队伍是国际社区鼓励并丰富外籍居民社区参与的重要举措之一, 如 M 社区即要求每个社区必须配备两名懂外语、能交流的专职社工服务居民;其次是加强社区文化建设,开展丰富的文化交流活动,创设社区内国际化文化氛围,拉近中外居民距离,促进中外文化融合。营造软硬件设施完善的国际化宜居环境,会全面提升外籍居民的安全感、幸福感和融入感,使外籍居民有更强烈的意愿亲近社区,将自身视为社区中的一分子,并积极参与社区的治理。

第二,社区工作人员工作风格。社区工作人员的工作风格很大程度上影响着外籍居民参与国际社区治理的意愿和热情,其中"监管型"和"服务型"这两种工作理念占据主导。笔者所调研的某国际社区党群服务中心的工作人员

---

① 北京市朝阳区"三化":文化、国际化、大尺度绿化。

出身军旅,工作作风较为强硬,有典型的"不服就干"思维,提起外籍居民时所使用的本土词汇多为"意识形态灌输""维稳"等,所采取的是更偏向于"监管型"的工作风格,外籍居民本就对这些官方组织存在疏离感,更不习惯这样的管理方式,不愿参与行政命令式的社区活动,导致双方在社区事务上很少交流,外籍居民的参与度也较低。而 M 社区国际社区服务中心的工作人员则较年轻,思想与时俱进,对外籍居民有着更为强烈的交流意愿,在社区事务上也更为积极,定期主动与外籍居民沟通了解需求,工作风格倾向于"服务型",而在这样的社区中外籍居民参与社区治理的情况也较为良好。

第三,社区工作人员积极性。在加强和巩固外籍居民与国际社区间联系的过程中,社区的工作人员扮演着重要角色,他们对于社区事务更为积极的态度会增强外籍居民的融入感和体验感,从而激励他们的参与社区活动。在 H 社区发展之初,H 社区的工作人员积极利用私人网络,以一位精通汉语的"中国通"为媒介主动与外籍居民沟通联络,并建立起一支外籍居民志愿服务队伍,在鼓励外籍居民社区参与上取得了显著的效果。但随着几年前"中国通"的回国,志愿服务队伍随即自行解散,社区工作人员的积极性也逐渐降低,外籍居民的参与度也有所下降。诚然,由于外籍居民的流动性强,居委会、服务中心等组织与之长期保持社会联系的成本过高,故对其社区参与往往抱有消极的期望和态度。

第四,社区资源支持程度。社区资源支持程度往往能够影响外籍居民社区参与的时长、规模和稳定性。以大部分国际社区均有开设的汉语班为例,天津市一家国际社区出现了这样的情况,汉语班仅有一名固定教师,为韩国籍留学生志愿者,缺乏专业教学经历,也缺乏资金支持,在其学成归国后无人顶替,被迫停办。而 M 社区和 H 社区为汉语教学提供了强大的资源支持,M 社区长期与北京国际汉语研修学院、北京外国语大学合作,邀请专业汉语教师授课，并与大使馆协商出资维持课程运行，H 社区则与天津外国语大学合作，与学校共同出资吸引汉语教师提供教学。由此可见，社区对汉语班的资源支持程度极大地影响了其存续，也影响着外籍居民的参与度。

2. 社会资本和社会支持网络

外籍居民在国际社区内所拥有的社会资本和社会支持网络是影响其参与的重要因素之一。出于陌生环境所带来的适应性问题，"抱团"成为外籍居民最为普遍的应对方式。外籍居民有自己的内部网络和生活圈子，社交网络的发展使得外籍居民的社会关系可以独立于国际社区之外，形成自身所谓"舒适区"，从而减弱其参与社区治理的意愿。对于此种情况，掌握有效的第三方媒介，并借此嵌入外籍居民社会网络，是国际社区最常采用的沟通策略，最为典型的就是通过"中国通"或社区活动中的外籍居民"积极分子"作为中间人。鼓励外籍居民在国际社区内形成稳定的社会资本和社会支持网络，有利于提升外籍居民对于国际社区地融入度和参与度。

(三)微观层次

1. 个人因素经过对几个代表性国际社区的调研，笔者发现，外籍居民的年龄、职业、国籍等个人因素显著地影响着他们在国际社区治理中的参与程度。

在年龄层次上，以老人和小孩为参与的"主力军"，其次为中年家庭主妇，而年轻人群体参与较少。在职业方面，全职太太是社区参与中的"积极分子"，在某些以日韩籍居民为主体的国际社区，由于日韩传统家庭多是男主外、女主内的家庭结构，参与社区事务和活动的 90% 都是全职太太；而以欧美国家居民为主的国际社区，以 M 社区为例，参与社区事务的群体类型则丰富得多，很多大使馆的工作人员也会在节假日参与社区活动。这样的现状也反映出，国籍对于居民社区参与的分异更为明显，欧美国家的外籍居民更为开放也更好沟通,更愿意以交朋友、学文化的方式参与社区活动,而日韩籍居民的生活更为独立且封闭,沟通也存在着更大的困难。以上结论得到了国际社区工作人员的印证,M 社区的工作人员向笔者指出,社区中几位乌克兰老太太的参与积极性是最高的;而其他几个以日、韩籍居民为主体的国际社区工作人员,则普遍向笔者表达了与日、韩籍居民沟通的困难和无奈。以志愿性参与为例,不同国籍的居民亦表现出对志愿活动类型的不同偏好。笔者经调研后发现,欧美籍居民大多喜欢花费金钱和时间进行精准帮扶,而韩国籍居民则喜欢在离家较近的地方尤其是街坊邻里之间,进行文化交流、环境保护等方面的服务。

另外,外籍居民自身语言沟通的障碍也影响着他们的社区参与。语言问题在日常生活中具有放大效应,往往会导致真实诉求表达受阻,加剧外籍居民的封闭性,使得他们主动地处于与社区组织及中国居民相对隔离的独立空间,尽可能减少对社区事务的参与。

2. 文化心理因素

外籍居民在文化心理上的特殊性体现在国际社区治理的方方面面。

第一,外籍居民的隐私意识很强,强调对私人空间的保护,国内社区传统的"串百家门,知百家情"的工作方法难以被外籍居民所接受,H 社区的工作人员便向笔者坦言对外籍居民进行入户登记和样本采集的难度巨大,"只知道他们是外籍的,一家大概有几口人,至于名字和年龄他们都是不透露的,你要是问得再多,人家就会很反感。如果要了解还是需要找国际学校对接,但学校对他们的个人信息保护也很强"①。

第二,外籍居民由于对居委会、党群服务中心等这类组织的不熟悉而对

---

① 内容依据笔者 2018 年 3 月 30 日在天津市红桥区 H 社区的调研。

其概念淡薄产生疏离感，对本土的社区治理模式水土不服，再加上居委会等官方组织烦琐重复的办事程序，以及充斥于社区活动之中的"面子工程"，使得外籍居民易对一些社区事务产生政治冷漠情绪；在大多数高档国际社区，物业成了真正有效的（甚至在某些国际社区是唯一的）管理与服务主体，物业公司因其非政府性和对个人隐私的保护而深受外籍居民信任，形成了以物业为主导的路径依赖，居委会被边缘化。对外籍居民的访谈结果显示，超过20%的外籍居民不信任居委会，也并不关注和参与社区居委会等组织相关的任何活动。"居委会是中国政府的组织，和我们没太大关系。"[1]

第三，外籍居民各异的民族性格特征和生活习惯，也决定了他们喜欢抱团解决问题的特点。

3. 收入水平

收入水平与外籍居民的社区参与程度之间呈现出两种背道而驰的关联。一方面，收入水平较高的家庭有条件且有意愿允许家庭成员更多地参与社区事务，而收入水平较低的家庭往往不会花费太多时间在参与社区事务之上，如北京望京街道某国际社区的工作人员便这样阐述他对影响外籍居民参与社区治理因素的理解："这里很多韩国人都是个体经营户，小本生意，平时都是在忙自己店里的生意，没有时间来参与社区的活动。"[2]另一方面，M社区的工作人员向笔者指出，收入水平较高的外籍居民大多居住在封闭性较强且物业管理水平较高的高档小区，出现问题多依赖物业，除文化活动外基本很少与居委会和服务中心等社区组织产生关联，也很少会参与社区公共事务。

4. 利益相关度

利益相关度是外籍居民出于理性选择决定是否参与社区治理的衡量标

---

[1] 内容依据笔者2019年3月7日在北京市朝阳区望京街道调研时对一位韩国店主的访谈。

[2] 内容依据笔者2019年3月7日在北京市朝阳区望京街道的调研。

准之一,这与外籍居民特有的流动性密切关联。流动性较强的外籍居民,往往在国际社区居住时间较短,在社区内部难以形成新的紧密且稳定的关系网,对社区的向心力弱,利益相关度低,参与社区治理的程度也就相对较低。H 社区的工作人员向笔者强调居住状态和租住状态的区分,H 社区内的外籍居民多为国际学校的教师,住房租赁率比例较高,短则租住半年,多则租住两年,H 社区对于他们而言更像是单位所分配的"宿舍",利益相关度很低,心理认同感低,"只要我的薪水够,生活舒适,便不太关注社区事务"。[①]而 M 社区的外籍居民多为大使馆工作人员及其家属,处于居住状态,流动性相对较弱,有长期居住于中国的计划,与社区的利益相关度较高,则会表现出更加强烈地融入当地社区的意向,参与社区事务的积极性也会更高。

第五节　国际社区治理的经验总结及对策建议

以上通过实地调研所得出的对外籍居民参与国际社区治理现状及其影响因素的总结分析,为进一步扩大外籍居民的社区参与、完善国际社区的建设发展,提供了必要的理论支撑和实践指导。由此,笔者结合 M 社区和 H 社区的治理实践和先进经验,"见微"而"知著",为国际社区的治理提出以下对策建议和思路方向。

一、实行"居民化管理",求同存异,兼容并包

（一）国际社区治理的大方向:"居民化管理"

长久以来,最初脱胎于特殊政策区域的国际社区,往往采取所谓"特殊主

---

① 内容依据笔者 2018 年 3 月 30 日在天津市红桥区 H 社区的调研。

义"[1]的治理模式,对外籍居民予以特殊对待和优先保障。但这种模式显然已经不适合当今国际社区的发展态势,针对外籍居民的"去特殊化"要求逐渐占据主流。

M社区在这一点上做出了表率。它以"居民化管理"[2]理念的提出和"融入式国际社区"[3]模式的探索,在全国范围内处于领先地位,形成了自身独具一格的治理特色,为我国国际社区的治理提供了有益的实践和丰厚的成果。M社区将辖区外籍居民纳入街道管理范围之内,鼓励外籍居民参与社区问政大会,参与社区治理,融入社区建设,通过政策激励和社会动员推动外籍居民及外交人员与本地社区的融合;发挥使领馆资源优势,积极探索民间外交,该社区人员曾与丹麦相关人员互访,即在开展丹麦国家主题文化周的同时,也受到了霍尔拜克市政府的邀请赴丹麦参加中国文化节,促进了两国的文化交流共享和居民互信共融。总结来说,M社区的以上治理实践为其他国际社区提供的普适性经验是,要充分利用辖区资源,找准社区发展定位,对中外居民提供平等且优质的公共服务,激发外籍居民参与社区治理的积极性和责任感。

(二)求同存异、兼容并包,推动中外居民的文化互适应

文化的适应与融合是一个长期的过程,尊重不同国家和民族居民的生活习惯和性格特征,针对不同国籍居民采用不同的治理方案和灵活的沟通方式,不强求、不冒进。正视外籍居民的宗教需求和文化需求,并提供必要的帮助和支持,增进互信与理解。

(三)尊重社区差异,保留社区特色

不同城市地区、不同形成路径、不同居民构成的国际社区,必定存在其个

---

①②　樊鹏:《国际化社区治理:专业化社会治理创新的中国方案》,《新视野》,2018 年第 2 期。

③　常放:《融入式国际化社区建设模式思考——以朝阳区麦子店街道为例》,《前线》,2015 年第 9 期。

体差异。整合资源,因地制宜,鼓励形成各具特色的国际社区治理模式,丰富外籍居民喜闻乐见的国际社区工作方法,探索充分高效的外籍居民社区参与路径。

二、加强"专业化治理",提高社区治理水平

"专业化治理"是党的十九大对社会治理提出的新要求,而国际社区治理作为社会治理的前沿领域,面临着更为严峻和紧迫的专业化需求。创新治理理念,丰富制度设计,提高社区治理水平,都是国际社区治理日趋专业化的实践体现和发展目标。

(一)创新治理理念,实现"管理"与"服务"的有机结合

国际社区的治理作为社区治理的一个特殊场域,实际上为我们提供了未来城市更高阶段社区形态的普遍缩影和蓝图。因此,国际社区的治理应回归到"治理"本身,丰富治理的内涵和要求,总结治理经验,加强试点探索,创新治理理念。

"管理"和"服务"之间的张力,长久以来都是困扰国际社区治理的一大难题。如何实现二者最大效能的有机结合,需要理论和实践层面的不断求索。本章所提供的思路是,寓管理于服务,以服务促管理。一方面,转变管理思维,采取灵活的管理方式和手段,加强管理的规范性和弹性。发挥物业深受外籍居民信任的天然优势,鼓励外籍居民进行人口登记和信息采集,建立外籍居民信息数据库,实行精细化管理,打破信息孤岛所带来的管理真空;整合不同社区资源,避免重复登记,减少烦琐程序,实时掌握外籍居民流动人口动态。另一方面,秉承需求导向理念,强化国际社区的服务功能,扩大服务范围,提升

服务质量,建立"全天候""零距离"①的一站式服务平台,满足外籍居民多元化需求。国际社区要致力于创新管理和服务的方式方法,为社区治理"减负增效"。

(二)丰富制度设计,拓宽双向互动渠道

首先,通过制度设计和调整,拓宽外籍居民与国际社区间沟通及反馈渠道,建立稳定且高效的双向互动机制,借助"第三方"力量的帮助、活动反馈、入户调查等方式了解外籍居民真实意愿及诉求,解决服务与需求信息不对称的问题。

其次,充分利用社会资本和社会支持网络,促进双方柔性互动。通过整合中外居民资源,充分挖掘并发挥居民个人优势,发掘、培养并留住国际人才,在接受社区服务的同时回馈和奉献社区,典型案例为双语班的设立。

最后,鼓励外籍居民的志愿性参与,提倡、支持并帮助社区居民志愿服务团队的组建和发展,实行选择性激励,在提供公益性服务中体现贡献性与非贡献性的差异。

(三)提高社区治理水平,提升公共服务供给品质

第一,提升社区环境建设水平。在硬件设施上,大力推动双语标识、国际学校、国际医院、5G 信号覆盖等基础设施的普及化和规范化,着力推进大尺度绿化和信息化建设,提高社区公共服务体系对外籍居民的包容性,打造国际化宜居环境;在软件设施上,将社会工作引入到国际社区的治理中来,推进国际社工队伍的建设和完善,建立系统的社工培训体系,严格要求社工质量,提升社工的双语水平及国际化视野,提高国际社区服务品质。

第二,提高社区工作人员专业化水平。加强社区工作人员日常理论学习和技能培训,提高其国际化素质和能力,转变工作风格,发挥工作积极性。鼓

---

① 陈宇鹏:《多元文化背景下"国际社区"管理与服务的创新研究》,《长春师范学院学报》,2012年第 2 期。

励工作人员充分借助私人网络、"第三方"中介和外籍居民"积极分子"的力量,建立外籍居民与社区之间紧密的联络网,着重提升社区信息的可获得性和覆盖面,将社区作为向外籍居民提供基本生活信息的主要渠道,提高二者利益相关度,强化外籍居民的社区意识,激发其获得感和责任感。

第三,"以活动凝聚居民"。丰富社区活动类型,满足外籍居民多样化的文化需求,增强外籍居民的社区融入感。着力打造和推进国际社区服务中心及相关社区组织建设,积极寻求并促进与使领馆等外事组织、文化组织及高校的合作,共同开展丰富多彩的社区活动,提高外籍居民参与度和满意度。并在活动中发掘更多国际人才,夯实人才基础,推进国际人才社区的建设。通过活动促进中外居民的交流和互动,拉近中外居民心理距离,营造融合共享的和谐社区氛围。

三、总结

综上所述,国际社区作为一种新兴社区形态于中国方兴未艾,其治理问题也已吸引学界广泛关注,对其的研究和探讨亦向纵深发展,成果斐然。国际社区治理中的外籍居民参与研究尚处于探索阶段,笔者以此为题,以期为未来的进一步研究抛砖引玉,提供思路。

从现实中国际社区的具体治理实践来看,鼓励外籍居民参与到国际社区的治理中来,有利于居民个人安全感、获得感和幸福感的提升,更有助于国际社区整体的建设、发展和完善。国际社区在政府、学界、业界以及中外居民的共同努力下,积极丰富本土化理论和实践,探索更为适宜的创新性的治理模式,必将会继续向着良好的态势向前发展。

附 录

附录A:M社区第一次访谈记录

访谈对象:M社区国际社区服务中心主任张××

访谈时间:2017年10月7日

访谈记录:

Q:能不能给我们介绍一下服务中心大概的情况?

A:我们服务中心总共二层,一层主要是搞一些活动,上个月和古巴大使馆的合作,他们想使用我们的场地做纪念他们领袖的活动,我们借此和自身的文化周相结合开展了相关活动。下个月即11月还会有个活动,那就要把之前活动的摆设都替换了。我们上面挂的这些国旗,大概包括13个国家。这些国家的大使馆,比如说希腊、古巴、摩洛哥等,这些在这儿的使馆都和我们搞过活动。

Q:那您下个月办主题文化周的话能告诉我们一声吗?

A:好的。

Q:那一楼摆放的都是些什么书?

A:我们当时考虑的是,在这边搞活动时来得早或走得晚的人,都可以看一下。而且我们暑假呢,会对青少年有一个开放。那边还有一个休息区。一楼大概就是这样,可能现在没有活动你们也看不真切。

(二楼)

A:这边是个教室,多功能厅,比如说开会,或者是人多一点的课,我们都会用这儿。我们的汉语班,主要是在这个地方上课。

Q:那这个班每次都是固定的吗?

A:人是固定的,我们会在开班之前呢有一个招生,他们会报名参加。

Q:那您这是两个班,每个班是十个人吧,每个班人数是限制的吗?

A:是限制的,如果人多的话就让他下期再来,因为人太多的话教学质量就很难照顾到每一个人。

Q:那目前咱们这个培训班就主要是汉语?

A:对,他们有好多是大使馆工作人员的家属,我们还有专门的外交官的班,也有他们大使馆的人过来学汉语。

Q:那个是专门有一个班吗?

A:我们在前几期办的时候做了,但现在他们可能都学的差不多了,就不怎么开了。

Q:那这个班办了多久啊?

A:这个班是自设立服务中心之后就有了。

Q:我记得是2003年咱这边就有了?

A:不是这么简单,咱们这边真正开始运行的话,就只有五六年,因为我们刚调到这不久。

Q:那这个社区的主要居民是大使馆的工作人员,大使馆很早就在这,是吗?

A:对,这个办事处正好建处 30 周年,那大使馆肯定就更早了。

Q:这边汉语班基本就都是大使馆工作人员和家属吗?

A:也不都是,主要这边高档公寓多,你要是到附近转一下,马路对面那个街道主要是旧式小区,外国人选的话也就选环境比较好的地方。

Q:那这个类似厨房的地方就是办烘焙的地方吗?

A:我们这很少办烘焙班,这边只有一个水吧,煮个咖啡。我们搞活动,比如大使馆来做活动,就不太像咱们,来了活动做完了,发每人一袋子洗衣粉就走了。他们是这样,他们也没有这么多的节目和讲话,就是致个辞,说说这个事的意义,然后大家就散了,大家喜欢聚在一起聊天,然后他们会做一些饮料、一些酒,1 楼也有这么个地方。

Q:那你们做这个活动,有没有感觉文化差异特别大?

A:那肯定的,比如说,1 楼那个活动,当时对接的时候,我们想的是因为他们会请一些级别高的人,比如外交部的和其他使馆的使节,所以我们要正式一些,摆好椅子,布置好场地,但不管是多大领导,实际上都是站着的。你们学校开个会也不至于让校长站着吧。

A:这边有三个教室,这个教室就是小班教学的地方,一个屋能容纳 18 个人。

Q:那咱们这些老师,是本中心的人吗?

A:老师不是,是这样,向城区教委申请项目,教委会给我们提供资金支持,然后我们拿钱和北京外国语学院合作,我们提供场地和钱,他们提供老师。这有一个文化教室,比如外籍居民学个书法、国画啊,都在这边。这边的国旗呢,是我们合作过的一些国家。从左边数第一个,哈萨克斯坦、摩洛哥、希腊、古巴等,主要是这 6 个,主要是这三四年办的,我们每年会办一到两个。

Q:你们这个集邮协会是什么活动?

居住隔离现象的生成机制及其社会影响研究

A：除了外籍居民，还有一些中国居民会用这个场地，每个月他们有个集邮协会在这儿一起交流，这个协会里没有外籍居民，他们和外籍居民活动是交叉的。共同参加的活动只有过年啊，包饺子啊。他们之间的交流也比较少，因为中外活动所涉及的是两种功能，中国居民主要就是用地，而外籍居民呢，主要是来这学习。

Q：那我们外国不同国籍的居民是在一起参与活动吗？

A：那肯定的，汉语班不可能只招收一个国家的。

Q：那汉语班之外，他们有没有聚在一起参加别的活动？

A：别的活动？

Q：比如古巴国家文化周，会请其他国家的居民吗？

A：会啊，我们会请一些别国居民过来。

Q：京剧社成员也主要是国内居民吗？

A：对。

Q：学书法、国画是多长时间一次呢？您这边负责组织吗？

A：学书法什么的都是自愿来的。外籍居民的活动主要是依托汉语班，我们以汉语班为基础，有比较大的一个群，然后如果这周要搞书法体验、剪纸体验，会在群里面发消息。

Q：那等于主要是参加汉语班的人参与活动？

A：也不是，群里的人并不一定参加这个汉语班，主要是我们这个辖区的一个外国人的总群。

Q：咱这边有什么宣传手段？

A：我们有街道报纸，也有微信公众号。社区还有宣传栏。再创新呢，就比较少。

Q：公众号关注的人数有多少？

A:这个倒是不多,因为我们中心还是由办事处来领导,等于所有的功能都在办事处,而我们服务中心功能比较单一,只是专门组织居民搞活动。

Q:那您关注过公众号发文的浏览量吗?

A:现在还不是太高,因为我觉得现在是这样,所有的政府机关,包括街道办事处,都有自己的公众号,但是又要通过别的手段宣传自己的活动之类的。

Q:那你们有没有接受过外籍居民的汉语班体验反馈?

A:会啊,每一期结束的时候我们会有一个调查,他们当然是很满意啊,他们不用交钱,再有这边环境也不错。

Q:那我们平时举办一些活动的话,和外籍居民交流的主要是什么人群,比如汉语班的老师扮演这个角色,其他呢?

A:主要是我们这边的工作人员。

Q:简单介绍一下工作人员的情况?

A:工作人员大概有4个。

A:这边这个空间需要的话可以单独打开,成为一个独立的房间。

Q:刚刚过去的古巴文化周,参与人数大概有多少?

A:有100人左右吧,因为有他们自己请的嘉宾和我们自己请的居民。他们请的嘉宾规格还是比较高的,我们也没太去审核。

Q:咱们这边办活动,外籍居民有发生过矛盾冲突吗?

A:这很少,我们国内的居民也不可能在活动里发生冲突。

Q:咱们受街道办的领导,有没有什么硬性的要求?

A:没有,我们这边是提供服务嘛。

Q:咱们有没有必须要搞的活动啊?

A:没有,但是像我们的主题文化周是每年固定的,办事处不会下指令,但会下任务。

居住隔离现象的生成机制及其社会影响研究

A:你们要是想深入了解外籍居民的话,那只能等我们再办活动了。这个楼原来是个会所,你看我们的窗户也不是正常的高度,我们把3层改成了6层,变成了活动中心。

Q:您了解这边还有什么比较大的外国人聚居地吗?

A:望京,主要是韩国人。然后其实每个街道都会有外国人,但是也一直在讨论国际化社区,我们不知道是我们自己叫自己国际社区,还是你们有个标准,都承认我们是国际社区。

Q:我们写报告的时候,2003年有个文件,要把M社区建成全国首家国际社区。

A:但是呢,你看2003年到现在,大概过去了十几年,我们就觉得,咱们还在讨论,你们也可以思考一下,什么叫国际社区。是不是外国人多的就是国际社区?

Q:关于国际社区的定义确实比较模糊,现在只能拿人口来定,上海就有文件如此定义。但国际社区要有什么组织架构和管理模式,还没有定论。

A:因为今年上半年区里的外办呢,也来我们这指导了一下,他们也想把有名的外国人聚居地做成国际社区,比如望京。他们和我们讨论,是不是外国人多就叫国际社区。我们觉得不是这样的,第一,设施可不可以达到国际化的标准,包括路上的指示牌是否为外国人着想,他们今年可能出一个标准,我们可以那时候再探讨。

Q:这几个规模大一点的国际社区之间有交流吗?

A:很少,我觉得各自情况也不太一样。

Q:咱们这边算是居民所属国家比较多的吧?

A:我们统计了一下,有93个国家的居民居住在我们辖区。

Q:基本是哪些国家占比比较多呢?

A：日本大使馆在这里，所以日本人比较多，美国人也挺多的。

Q：你们管理的时候，不同国家的居民之间，比如欧洲和美国，差异有没有很大？

A：这倒没有，但中东那边有宗教信仰的居民可能比较难管理一些。

Q：那有没有哪个国家的居民参与热情特别得高？

A：我们不好评判，因为基数不大。可能和个人性格有关系。我们这边有几个乌克兰的老太太热情比较高，所以和年龄可能也有点关系，年轻人参与相对少一些。我觉得很好理解，像你们会参加居委会搞的活动吗？咱们国人的社区意识可能差一些，我们都知道自己是北京人、天津人，但自己是哪个社区的可能说不上来。但外国人社区意识和凝聚力就强一些。

Q：因为外国人的社区属于一个小社会，各种功能都有，但咱们的社区功能相对较少，分散到单位和其他地方。

A：我觉得大家都是近邻，应该有责任和义务来维护这个社区。

Q：那您是怎么过来的呢？

A：我原来在办事处的文教科，其实差不多，都是搞文化教育的，因为这边工作人员也挺少，就过来了。

Q：那外籍居民有没有主动反映过想要什么样的服务呢？

A：有啊，比如他们可能想在中秋节让我们帮忙提供场地一起做个月饼之类的。

Q：是通过咱们的培训班群联系的吗？

A：对。

Q：那个群活跃吗？

A：还是比较活跃的，因为我们想把这个班办得好一点，老师也会在群里和他们交流，让他们也有语言上的提高。

Q：那这个群是什么时候建起来的呢？

A：那时间就比较早了。还是依托这个班，原来的时候没有微信我们就邮件联系，我们也不知道办事处和大使馆通过什么途径拿到这么多老外的联系方式。然后现在有微信了，就靠口口相传了。

Q：咱们这个群大概有多少人？

A：大概二百多人吧，我不主要管这个事。

Q：工作人员的具体分配是怎样的呢？

A：有一个领导负责统领，会有人负责各个项目，我各个事情都管一下，但不特别具体。我们人员都还够用，有事就交给一个人去办就行了。

Q：像您跟外籍居民交流多吗？

A：不太多，但也不少吧，就是通过活动，总能有些交流，因为我们觉得跟人相处，都会培养感情，以后需要帮助、配合的时候会容易些。

Q：这边有没有一些文件？和我们这个社区、中心相关的活动等等相关的。

A：文件、材料，我给你发点新闻，我们每次做完活动，都会发一次新闻，那里面还有一些开展情况等等。我们还有公众号，添加一下。但是这个公众号，可能我们这个活动比较少涉及，这个公众号是街道办事处的，包括安全、生产、卫生这些，什么都有。

A：我们这个中心大概是和社区齐平，是服务整个社区的一个单位。

A：我们这边，能买得起这儿的房子的，收入都挺高的。

Q：街道的分工是什么？ 国际居民相关事务的分工？

A：外国人住到这个地方，需要办理居住证，街道有一个警务站，专门来办这个证，这个是最关键、必要的，其他的事情就比较次要了。除此之外，就是我们会向上与外办对接，他们会给我们一些工作任务，提供一些开展活动的经费支持。别的分工就没有太多了。

Q:这个是刚起步的状态吗?

A:这个应该是相对成熟了,这个中心应该是北京市的第一家了,专门为中外居民服务,当然你说要是全国第一家其实也差不多了。

Q:平时这里接受采访多吗?

A:其实也不少,比如我们每次搞活动,都有媒体来。

Q:这个活动班什么时候开?

A:我们一般周一、周四的白天,我们这里其实还算是正式机关,所以还是没办法像周末展开活动、下班之后还在这样子。

Q:如果周末有上班的话,会有更多人参与活动吧。

A:对,这个我们还在商量,也想着办得更好。

Q:这些活动都是大使馆主动联系咱们吗?

A:都有,也有我们主动联系人家的,我们也有其他机构在中间搭桥。古巴大使馆主动联系我们,想举办纪念领袖的活动,他们觉得我们的地方不错,那我们就想着联合举办一个活动吧,他们也就同意了。主动联系他们的话,我们第一次做国家主题文化活动的时候,没有经验,又想打这个品牌,怎么办呢?就是到大使馆请人家,就说下个月要做一个国家主题文化周,主要就是宣传您的国家,您可以来参加,我们会有您的国家的展示呀,举办一些文艺表演呀,向中国人民展示你们国家的文化。人家呢,也不太热情,最后还是在活动前一天晚上把大使请到这里,让他看一下我们这样合不合适。他就觉得办得很好,超出了他的预期,大使本人也是很感动,第二天一大早从使馆带来了很多东西到这里来展示。第一个国家是哈萨克斯坦。文化周一般就持续一周。

Q:具体的活动有些什么呢?

A:具体活动就包括展览,不一样,各个国家要求不一样,比如一些东西的展示,影像资料放映,艺术家的画复制后展示,民族服装、手工业产品展示。

居住隔离现象的生成机制及其社会影响研究

跟大使馆合作是进一步的,当时我们的初衷是这样,辖区的居民你是美国人,你们几个就在这里向大家推荐你的文化,当然后来有了提升和大使馆开始合作。

Q:那比方说举办一个美国的文化活动,美国居民的参与情况怎么样呢?

A:嗯,对,会有一些人参与,当我们好像没有做到这么优秀,就是刚刚看到的这些,摩洛哥这些相对较小的国家。

Q:会有反馈吗?

A:没有这种反馈,是这样的,我们做一个活动,说是针对中外居民,但里面有一大部分是嘉宾,所以中外居民的比例实际上不是很大。每次人数也就那么多,限制在100人,再多就不行了,硬件也承受不了。

Q:街道里会集中宣传这些文化周活动吗?

A:主要还是我们这里宣传,街道办的工作重心不是在这。

Q:您刚刚说的这些都是文化交流方面,外国居民可能还有一些经济问题,比如说交物业管理费,如果和中国居民发生冲突、纠纷怎么解决呢? 您也知道,中西方的社区管理模式很不一样,西方的社区还有类似社区企业这些,中国似乎隔阂更多。

A:这个问题我没有办法回答,我们不是社区,这块就是做文化交流的。

访谈总结:

M社区对国际社区的定义也较模糊,不过近期北京可能会出台国际社区的有关标准。

M社区靠近大使馆,外籍居民与大使馆有比较紧密的联系,很多就是大使馆工作人员及其家属。由于调研对象的特殊性,本次访谈主要考察了外籍居民的文化参与情况。

该服务中心"与社区平齐",提供场地和人员等服务,对上(办事处)不承担强制性的政治任务，与大使馆有"合作伙伴关系"。

　　该社区居民的文化参与活动主要包括汉语培训班、国家主题文化周、中国传统节日相关活动等，活动所用场地和设施齐全完善，活动时间和频率比较固定，运行六年以来已形成了一种惯例，活动参与规模也相对较大（由于场地限制，长期在一百人左右）。该社区外籍居民除了参与由中心和大使馆合作举办的活动外，有时还主动反映自身诉求（利用场地），自发组织文化活动。由于样本空间较小，难以判定哪方面因素影响居民参与热情，仅知几位乌克兰的老太太特别热心，这可能与年龄有关；总体上讲，服务中心对外籍居民的参与情况也比较满意，认为其社区凝聚力和责任感强。

　　国家主题文化周是该服务中心的特色项目。服务中心最初主动联系大使馆，尽力获得合作的允诺，在开展多次活动，积累经验、建立长期联系和信任之后，便使该活动成为惯例，也激励其他大使馆主动联系服务中心开展活动。

　　汉语培训班活动在汉语学习需求强的前期举办过几期，中心借此建立起外籍居民的微信群，以二百多人的微信群为核心，依凭汉语班教师加强与社区外籍居民的联络。

　　由此，该地外籍居民活跃的文化参与可能和服务中心、大使馆的密切联系、信任关系，大使馆有关人员为主体的外籍居民群体及微信群等新媒体的运用有关。当然，服务中心在开展活动中也遇到一些影响活动的文化差异。

附录 B:M 社区第二次访谈记录

访谈对象:M 社区国际社区服务中心主任张××

访谈时间:2019 年 3 月 7 日

访谈总结:

1. 政府要求《2018 年国际人才社区建设任务分解书》的下达让 M 社区的国际社区建设有了更明确的目标。

首先是硬件设施的提升,比如更换路牌为双语,进行大尺度绿化建设,老旧设施改善等。其次是国际社工队伍的建设,比如要求每个社区配备两位达到一定级别的双语社工,要求社区服务人员进行培训,培养国际化视野等。最后是文化方面的建设,比如开展"中外居民过大年"、国家文化主题周、剪纸、书法、太极拳等各类丰富的文化交流活动。

争取提升社区国际化水平,达到朝阳"三化",即文化、国际化和大尺度绿化,不仅服务于外国居民,也提升中国居民的生活幸福感,发掘和留住国际人才,建设好国际人才社区。

2. 最近国际社区服务中心的主要工作和新变化

最近主要是继续落实国际人才社区的建设需求,进行硬件改造,举办各种文化活动(传播途径还是口口相传、微信群等,也采取了进社区的方式,但有一定困难)。参加活动的外籍居民年龄处于中段的占一大部分(如使馆工作人员的妻子,多是家庭主妇)。而参与活动的外籍居民对比起一年多前来访的时候显著增多,这些外国友人的表现欲很强,对中国文化的认可度也很高。

社区也组建了一些志愿者队伍,成员基本都是中国的老年人,他们的英语都很好,能够和外国人顺畅交流。比如前段时间街道举办的庙会活动上每一个摊位都会配备一个负责翻译的志愿者来帮助交流。每周举行的双语班（周一周三中文，周二周三英语）也都是采取公益志愿的形式，而张主任表示希望通过这样免费和公益的形式使得双方都能用回馈的形式反馈给社区（中文班的外国人去英文班免费教学）。

街道也通过与一些机构合作来加强交流。比如前一阵子的春节联欢活动就是街道与外交人员服务公司合作在外交公寓举办的。

3. 国际社区服务中心未来的计划

总体上看有两点。一是每年定期举行问政大会，往年都是以中国居民参与为主，街道希望有更多的外籍居民参与进来，参与到社区治理之中，国际管理中心会努力达成这一点。二是着重解决外籍居民如何融入社区建设的问题。

4. 国际社区服务中心与外籍居民的交流途径

途径仍比较单一（微信、口口相传），进社区（问卷调查、宣传活动）存在困难。还有一些问题都是依托双语班进行交流。社区现在仍是需要充分考虑外籍居民的实际需求从而提供服务。国际服务中心也在积极与大使馆进行合作，来更好地和外籍居民沟通，发掘更多的外国人才。

5. 目前的困难

交流途径比较单一。M 社区的外籍居民基本都是大使馆的工作人员和其家人，居住的小区较为高档，高档小区的外国人有问题基本都是和物业沟通，而不会找街道和国际管理中心。

附录 C:H 社区访谈记录

访谈对象:H 社区国际社区居委会主任孙××

访谈时间:2018 年 3 月 30 日

访谈记录:

Q:您这边可以告知一下外籍居民的大概情况吗?

A:我们这的外籍居民 95%以上是国际学校的老师,他们是租住在这儿的,归学校管理,与社区的联系不是太紧密。社区对于他们就跟宿舍一样。我们和 Y 社区(天津另一家较有代表性的国际社区)不太一样,他们主要还是外籍居民居住在那儿。我们这外籍居民的流动性很强。人口的统计主要是他们所在的学校在管,我们对他们的统计就没有那么详细。中外的观念差异还是有的,他们不像咱们中国居民,入户以后登记的事项会特别详尽,年龄、身份证号、单位都要有。而外籍居民就不给你登记这些,我们只知道他们是外籍的,一家大概有几口人,至于他们叫什么名字、年龄,他们是不透露的,你要是问得再多,人家就会很反感。你要是想了解,还是找学校去联系,学校对他们信息保护也挺强的。

Q:我们这个社区为什么最开始称自己为国际社区?

A:首先,大伙的第一印象是这里有外国人居住,现在公认的是要有宗教活动场所,那我们这满足了;大型的商超,我们满足了;还要有比较便利顺畅的交通,公交、地铁什么的我们都满足了。但我们觉得国际社区不只是这些,还有文化在内的好多东西。

Q:那我们这个居委会管理的只有这个小区吗?

A:我们管理的是两个自然小区,一个是你们现在在的 HSHB 小区,一个是 HSHY 小区。

Q：这两个小区是同一个开发商的地块吗？

A：对，都是陆家嘴开发的，而且现在陆家嘴开发的三期河庭，这几年已经办理入住了。

Q：我们来的时候路过那个地方。

A：嗯，HSHB 三期，三个小区。

Q：那我们这个 HSHB 小区和国际学校有什么关系呢？

A：我们有很多联系，比如工作上，全国都在进行消防安全检查，国际学校在我们的管辖区域内，我们就负责他们的检查。有时候我们搞活动，也会邀请这些外籍老师参加。

Q：您刚才提到了活动，可以具体说一下吗？

A：每年中国有特色的传统节日，春节、端午节之类的，但现在他们的参与度不是太高，而这个小区刚落成入住的时候我们关系特别紧密，因为我们考虑到外籍居民对中文不是太了解，当然他们也有搞中文的，他们对中国的传统文化不是太了解，日常的口语交流不是太顺畅，所以我们就根据这个实际情况，开了一个中文班。当然现在没有了，因为他们陆陆续续都学会了。还有我们领着他们去了一些中国特色的景点，比如古文化街。

Q：我们的活动是什么时候开始的？

A：2012 年。2012 年我们这建成入住，2012 年 6 月居委会建立筹委会，从2013 年春节开始邀请他们参加。

Q：嗯，那咱们社区最开始活动是在哪举办的？

A：我们下面有个共享空间，比较大型的活动都在那里。

Q：那有没有什么照片啊，可以让我们看一下？

A：可以可以，你们可以拷备走。

Q：咱们对中外居民是分开管理还是统一管理？有考虑外籍居民的特殊性吗？中外居民平时有沟通吗？

A：我们是一个标准，他们也要遵守中国的法律法规还有秩序。

Q：组织活动的时候，外国人是抱团？还是与中国人有一定的沟通？

A：毕竟中外居民有语言的差异。我们社工里有会外语的，一边给他们翻译，一边让他们与中国居民有简单的交流。

Q：大部分外籍居民您提到是租住的，咱们居委会我也看了一下基本都是中国居民。

A：90%是中国居民，很少有外籍居民。

Q：在产生程序里，他们主动地参与居委会选举吗？

A：他们不是主动的。

Q：那您觉得，他们是主要在业务上，比如学校教学的层面上参与社区呢，还是抱有一种当前年轻人对社区的心态呢？

A：我觉得有很多因素，但这两方面都应该有影响。

Q：我们去年采访过北京的国际社区，他们也有一个会展中心，办文化活动，比如说包饺子、汉语班，也是就这几年，我们当时问他们是否有强制性的街道办给的任务，想问问您这边是什么情况呢？

A：没有，因为我们作为社会工作者，居委会来讲，是服务于民，利他主义，助人自助嘛。我们的服务对象是全社区的，不论是国内的还是外国的，但我们开展工作的时候侧重是外籍居民。

Q：在我们社区活动中有没有特别积极的外国人？

A：有，但是少，毕竟他们的交流是很不顺畅的，而且风俗习惯不同。

Q：他们参与的话主要是哪些人呢，我们去年采访的另一个居委会是一些乌克兰的老太太特别积极。

A：我们这边的参与者包括韩国、日本、马来西亚、加拿大、英国的，您说的那些国家的太少了，您说的那个可能是居住状态的。这两个状态是完全不同的，居住状态下，我在这买了房子，就希望它环境好，社区整体素质都在提升，租住状态就无所谓了，只要我的薪水够，生活得比较快乐，我就不会太关注社区那些事了。

Q：您刚才说这里有些宗教活动场所，可以具体说说吗？

A：有个大寺。

Q：是清真寺吗？

A：红桥区和天津市的清真寺都在我们社区附近。水游城的这边是我们天津市清真寺，陆家嘴广场后面有一个是红桥区清真寺。

Q：咱们这边有宗教信仰的居民较多，社区工作人员会去了解他们的情况吗？

A：宗教信仰这个事情，只要在国家允许的范围之内，咱们是不会管的。

Q：也不统计他们大概的情况是吗？

A：对。

Q：我注意到咱们是天津市第一家提出建立国际社区的住宅社区。浦东新区出过一个文件提到，达到总人口数30%的社区可以称为国际社区。那咱们这是什么情况呢，有没有类似的标准呢？

A：咱们这没有。

Q：我们之前采访了一个北京社区，那里的外籍居民更多地和大使馆联系嘛，有一些和社区参与，咱们这边有没有什么固定的交流渠道和模式呢？

A：我理解，国际社区在别的地方可能是比较成熟的住宅圈啊什么的，但你可能也看到了，我们这从2012年发展至今，慢慢地才形成比较完善的社区服务体系。当时的国际社区的叫法呢，当然我也是第一次接触嘛，可能也是比较模糊的,至于交流的方式就不太清楚了。

Q:我们来之前想要对外籍居民的情况做一个大概的了解,比如外籍居民的年龄结构、国籍结构之类的,没想到来了之后就发现他们的样本采集的难度很大。

A:一开始组织活动的时候也有比较突出的外籍居民参与我们的活动,有些发展成我们的志愿者,但是很多一年以后就走了,可能人家觉得我们这雾霾太大啊,环境不行啊,不适合他们的发展,那我们总是这样周而复始去接触新的,熟悉熟悉,又走了,所以现在好多的相关的管理都是他们学校在管,比如出入境管理。

Q:在前期的组织里面,外籍居民主要扮演的是参与者的角色,对吗?

A:对。

Q:汉语班的活动是怎么联系的呢?

A:我们是和国际学校的负责人联系。如果我们要搞什么活动,要提前告知他们,他们来自愿报名,不像咱们中国的居民可以在各种微信群啊、各楼啊、各种平台上就能发布。有的外籍居民报名了,或许也不来,这也可以理解,毕竟人家有教学任务,时间上会错不开。

Q:我来的时候,看到咱们有个告示牌,有中文写的,比如党的十九大的宣传啊,再就是物业发展条例啊,只有文明言行条例是用的中英双语写的,可能是我过度解读了啊,我就想知道这个是出于一个怎样的目的设置的呢?

A:自2012年开始,我们所有的温馨提示,一律都是双语的,包括我们的指示牌,也是双语的,后来我们外籍居民的人数不是太多,有什么大事都是和学校对接,由学校统一发布,所以有的地方就只用中文。租住状态嘛,物业管理条例的内容直接给学校,出了问题学校要负责。

Q:咱们这边有门禁,车都停在地下停车场。我们在北京调研的时候,有些国际社区都是开放的,是咱们这边更注重隐私和安全吗?

A:咱们这个小区是陆家嘴物业公司进行管理,是一家有实力的国企,他们的管理经验丰富而且比较严谨,对所有秩序维护人员管理比较严格,进出审查也很严。这边的居民层次都是高一点的,当然物业费也是比较高的,每平方米三块起,对咱们天津来说算是高的了,无论是根据《物业法》还是别的,安保等级都该高一点。

Q:刚刚您说到这边住户的社会等级比较高,能不能问一下您这边的房价大概一平方米多少钱?

A:现在?前两天有一间95平方米的二手房,它的标价是430万,一平方米四万多;去年有一套二手房,也是95平方米,卖方净获得510万。虽然二手房的单价高,但在天津来讲算是相当高了,但它的性价比很高,比如说我们的室内游泳池,你在其他小区是找不到游泳池免费开放的,最早的时候是一年一百元,地下车库我们不售,只是收你的管理费,其他小区的车位一个可能要几十万卖给你,我们这一个车位管理费也就二百多。再加上安保问题,其他小区你是看不到这些的,所以说这个价位是物有所值的,我们买房也是追求相对舒心的嘛。

Q:嗯,这里也算是学区房吧?

A:这里其实还不算学区房,我们对口的没有太好的学校,那边那个国际学校招收的小孩都是外国人啊,不收中国人,那些看起来像中国人的都是亚裔,它也就高中的时候才招收中国籍,幼儿园今年开始招收中国籍的,但一直是不招中国籍的孩子,而且你进到那里,一般老百姓是承受不了的,每年幼儿园光学费什么的就20万了,一般老百姓哪里承受得了。

Q:刚刚路过的时候看到了一年18万。

A:18万就是学费的嘛,这个学校还经常有实践活动,到其他国家去实践,而且这 18 万还不包括饭费、服装、住宿,这方面一般人哪里能承受得了。

Q:学校这边主要是老师吧,不知道学校的孩子们是不是我们社区的呢?

A:他们招生主要是面对天津市内。

Q:我以为学校的老师、学生都是住在我们社区呢。

A:不是这样的。

Q:这些人的来华时间呢?

A:他们的流动性很强,有的是一个学期,很快的。第一批我们熟悉的那些老师,我们几乎已经看不见了。所以他们这个房子就像是过去单位给配的宿舍。学校的作用和单位非常相似,通过学校对这些外籍居民的管理就像是以前通过单位去进行控制一样。

Q:我这边有一个想法,您知道学校对接联系人的电话吗?

A:我需要征得对方的同意……不接受采访。他们和我们的想法是不太一样的,如果想采访,尽可能通过管理学校的教育局进行联系。我们仅仅是一个相互配合的工作关系。

Q:居委会的工作当中有没有专门设置一个小组去管理这方面的事务?

A:我们的管理模式现在是网格化管理,社区分成网格化,谁的网格谁进行管理,对于六小企业这一块,我们有专门的主任,这个条口的工作下来之后他去联系。

Q:平常咱们的职责有什么?

A:就是为老百姓服务。就包括老年工作、青少年工作、妇女工作,等等都有涉及。

Q:今天上午您让我们到街道办联系,开一份证明。但我们在北京的时候他们没有管得太严,我们都是直接联系居委会去问就可以了。

A:我们这边不可以,归口管理。

Q:我们来的时候不知道去哪个科室去问。

我们这有好多个口,比如说党口、宣传口,这么多条口,所以我没办法告诉你去哪个条口。你们做国际社区的调研,学校不给你们对接吗?涉及外籍居民,往上还是社会管理这个口来管理。

Q:如果涉及外籍居民这一块的通知,是怎么下发,是通过居委会吗?

A:没有特别涉及外籍居民的东西,都是一样的,涉及居民的同时,也都包括了外籍居民,面对的都一样。

Q:可以带我们去参观一些活动室吗?

A:这是一个大的开放式场所,我们还设了一些私人的宾房,上海人设计的,理念很不错,窗户比较小,比较注重隐私。

Q:能不能介绍一个个案? 比如端午节吃粽子。

A:这个和我们的每一个活动都一样,大伙讨论,确定它的活动主题,然后进行一个预案,我们再确定一个活动的时间、范围和人员,我们再确定一下中间的环节,做活动对我们大体上还是比较轻车熟路的吧,都是这些环节。

Q:中间也是通过学校来发布公告?

A:我们是和他们的一个外籍人士,我们很不容易地和他联系上,他是一个中国通,在中国已经住了三四年,汉语特别流利,和他接触上之后通过他来联系。后来他走了之后,就比较官方了,以前是私人关系,后来就官方了,通过学校这块召集活动人员。

Q:每次活动有多少人呢? 有什么变化?

A:当然每年都有新面孔,人数基本在 15~20 人,他们人数就是特别不确定,有时候确定人数为 15 人,可是真正来了的也许 35 人,也许只有 5 个人。

访谈总结:

H 社区是天津最早提出建立国际社区的地方,但对国际社区的认识停留

居住隔离现象的生成机制及其社会影响研究

在定性层面,很大程度上只是根据自身(房地产出售的角度)条件作出了对国际社区概念的界定,他们对国际社区的界定在于以下四点:有宗教活动场所、大型商超、交通便利、有外国人。

该社区的外籍居民主要是国际学校的教师,以租住状态为主,这一特色影响了他们的社区参与。另外外籍居民的文化观念,比如注重隐私等,也影响其相关信息的获取与社区活动的参与情况。

首先,外籍居民归学校管理,学校帮外籍居民租住当地房屋,学校发挥的作用类似于"单位",从而形成了社区—学校—外籍居民的信息交流渠道与管理结构。外籍居民直接与学校对接,学校与外籍居民的契约关系主导与决定了社区对外籍居民的管理权限,因此外籍居民与社区关系松散;但学校与社区居委会的关系又仅限于相互合作的关系,两者并非严格的上下级隶属关系,社区居委会只能按上级要求在某些事务上与学校对接,社区居委会对外籍居民的了解就相对较少,活动组织上也缺乏规制,难以保证外籍居民守约参与活动。

再者,租住状态下的外籍居民,对国际社区的心理认同感不及常住人口,社区责任相对较少,社区参与并不主动。

另外,外籍居民流动性强,国际社区居委会长期保持社会联系的成本太高,对其参与也持消极的期望与态度。

该社区中外籍居民的参与方式以福利性参与为主,福利性活动对外籍居民的激励水平较高,而这些居民对居委会选举等事务相对冷漠。另外,由于语言障碍,外籍居民与国内居民的交流在该社区较少,限于在传统节日中的简单交流,而且交流对象主要是教师和专业社工。

该社区与外籍居民的交流渠道可能也影响了社区的居民参与,在社区发展前期,居委会主要通过"中国通"这一私人网络与外籍居民进行沟通,活动效果相对较好;而近几年,居委会依靠学校这一官方渠道,由专门的中国教师担任中介人员进行联系,活动效果不太明显,人数有所下降,违约情况也有出现。

参考文献

一、中文文献

1.《马克思恩格斯全集》(第 4 卷),人民出版社,1995 年。

2.[法]埃米尔·迪尔凯姆:《自杀论:社会学研究》,冯韵文译,商务印书馆,2001 年。

3.边燕杰:《找回强关系:中国的间接关系、网络桥梁和求职》,载中国社会科学院社会学研究所编《中国社会学(第一卷)》,上海人民出版社,2002年。

4.卜长莉:《社会资本与社会和谐》,社会科学文献出版社,2005 年。

5.蔡禾:《从统治到治理:中国城市化过程中的大城市社会管理》,《公共行政评论》,2012 年第 6 期。

6.常放:《融入式国际化社区建设模式思考——以朝阳区麦子店街道为例》,《前线》,2015 年第 9 期。

7.陈波、张安录:《城市居住空间分异研究——以武汉市为例》,《管理》,2009 年第 12 期。

8.陈宇鹏:《多元文化背景下"国际社区"管理与服务的创新研究》,《长春师范学院学报》,2012 年第 2 期。

9.程平源等:《囚在富士康——富士康军事化工厂体制调查报告》,《青年研究》,2011 年第 5 期。

10.戴春:《社会融入:上海国际化社区建构》,中国电力出版社,2007 年,第 30 页。

11.戴伟娟:《城市化进程中农村土地流转问题研究》,上海社会科学院出版社,2011 年。

12.[美]丹尼尔·斯特德曼·琼斯:《宇宙的主宰:哈耶克、弗里德曼与新自由主义的诞生》,贾拥民译,华夏出版社,2014 年。

13.狄雷、刘能:《异质性社区的社会交往与社区认同——北京沙村的个案研究》,《哈尔滨工业大学学报》(社会科学版),2014 年第 2 期。

14.董峰:《"东搬西建":沈阳铁西老工业基地振兴的模式选择》,《国土资源》,2007 年第 5 期。

15.董海军:《"作为武器的弱者身份":农民维权抗争的底层政治》,《社会》,2008 年第 4 期。

16.樊鹏:《国际化社区治理:专业化社会治理创新的中国方案》,《新视野》,2018 年第 2 期。

17.方英:《外籍人聚居区分布规律及其影响因素——以广州为例的研究》,《广州大学学报》(社会科学版),2010 年第 10 期。

18.费孝通:《乡土中国》,生活·读书·新知三联书店,1985 年。

19.冯健:《转型期中国城市内部空间重构》,科学出版社,2003 年。

20.冯仕政:《西方社会运动理论研究》,中国人民大学出版社,2013 年。

21.高佩义:《中外城市化比较研究》,南开大学出版社,2004 年。

22.[法]古斯塔夫·勒庞:《乌合之众:大众心理研究》,戴光年译,新世界出版社,2010 年。

23.郭圣莉、吕红艳:《国家与市场的双重扩张:我国国际社区的形成与治理初探》,《中国第三部研究》,2011 年第 2 期。

24.顾朝林:《城市社会学》,东南大学出版社,2002 年。

25.顾朝林、C.克斯特罗德:《北京社会极化与空间分异研究》,《地理学报》,1997 年第 5 期。

26.广州大学广州发展研究院课题组:《广州外籍流动人口管理的现状与对策研究》,中国社会科学文献出版,2014 年。

27.侯敏、张丽:《北京市居住空间分异研究》,《城市》,2005 年第 3 期。

28.胡锦山:《美国城市种族居住隔离与非洲裔外来人员贫困化》,《史学月刊》,2004 年第 1 期。

29.黄荣贵、桂勇:《集体性社会资本对社区参与的影响:基于多层次数据的分析》,《社会》,2011 年第 6 期。

30.黄晓星:《社区运动的"社区性":对现行社区运动理论的回应与补充》,《社会学研究》,2011 年第 1 期。

31.黄怡:《城市居住隔离及其研究进程》,《城市规划汇刊》,2004 年第 5 期。

32.黄怡:《城市居住隔离模式——兼析上海居住隔离的现状》,《城市规划学刊》,2005 年第 2 期。

33.黄怡:《城市社会分层与居住隔离》,同济大学出版社,2006 年。

34.黄志宏:《城市居住区空间结构模式的演变》,社会科学文献出版社,2006 年。

35.菅强:《社会转型视野下国际化社区治理路径探析——以上海市 G 社区为例》,《河南社会科学》,2013 年第 5 期。

36.柯学东、杜安娜:《广州非洲裔外来人员"部落"全记录》,《广州日报》,2007 年 12 月 31 日。

37.蓝宇蕴:《都市村社共同体——有关农民城市化组织方式与生活方式的个案研究》,《中国社会科学》,2005 年第 2 期。

38.乐国安、汪建新主编:《社会心理学理论与体系》,北京师范大学出版社,2011 年。

39.黎杰翠:《从外国人涉罪情况探析外国人管理机制——以广州市检察机关办理的外国人犯罪案件作为实证分析》,《法治论坛》,2012 年第 1 期。

40.李俊夫:《"城中村"的改造》,科学出版社,2004 年。

41.李路路:《论社会分层研究》,《社会学研究》,1999 年第 1 期。

42.李培林:《村落的终结——羊城村的故事》,商务印书馆,2004 年。

43.李强:《改革开放 30 年来中国社会分层结构的变迁》,《北京社会科学》,2008 年第 5 期。

44.李强:《社会分层与社会空间领域的公平、公正》,《中国人民大学学报》,2012 年第 1 期。

45.李庆:《城市外籍人口管理研究——以广州为例》,《城市观察》,2013 年第 3 期。

46.李舒、季明:《老外参与社区管理"试水"》,《□望》,2008 年第 13 期。

47.李志刚、顾朝林:《中国城市社会空间结构转型》,东南大学出版社,2011 年。

48.李志刚、薛德升等:《广州小北路非洲裔外来人员聚居区社会空间分析》,《地理学报》,2008 年第 2 期。

49.[美]理查德·C.博克斯:《公民治理:引领 21 世纪的美国社区/国家治理与政府改革译丛》,孙柏瑛译,中国人民大学出版社,2014 年。

50.刘望保、陈再齐:《1982—2010 年广州市人口空间分布演化研究》,《经济地理》,2014 年第 11 期。

51.刘岩、刘威:《从"公民参与"到"群众参与"——转型期城市社区参与的范式转换与实践逻辑》,《浙江社会科学》,2008 年第 1 期。

52.刘易斯·芒福德:《城市发展史——起源、演变和前景》,中国建筑工业出版社,2005 年。

53.刘元旭、傅勇涛、侯大伟:《四省空置五万套保障房频演"空城计"》,《经济参考报》,2013 年 8 月 8 日。

54.刘云刚、谭宇文、周雯婷:《广州日本移民的生活活动与生活空间》,《地理学报》,2010 年第 10 期。

55.陆伟、张万录、王雷:《基于都市发展阶段论的城市居住隔离研究》,《城市建筑》,2012 年第 2 期。

56.罗筠:《群体性事件研究的空间视角:以 D 村群体性事件为个案》,《中国行政管理》,2016 年第 6 期。

57.罗力群:《对欧美学者关于邻里效应研究的述评》,《社会》,2007 年第 4 期。

58.[美]曼纽尔·卡斯特:《千年终结》,夏铸九等译,社会科学文献出版社,2003 年。

59.毛国民:《广州蕃坊及其外籍人聚集区研究》,《战略决策研究》,2014 年第 4 期。

60.[法]米歇尔·米绍:《法国城市规划 40 年》,何枫、任宇飞译,社会科学文献出版社,2007 年。

61.莫文竞:《西方城市与我国城市居住空间隔离的研究》,《理论界》,2009 年。

62.牛仲君:《从文化角度看北京市的国际化社区建设——以麦子店、望京社区的发展为例》,北京市社会科学界联合会编:《2011 城市国际化论坛——

全球化进程中的大都市治理(论文集)》,2011年。

63.牛仲君、崔越:《北京的国际化社区建设——麦子店、望京社区的发展》,《当代北京研究》,2012年第1期。

64.潘柄涛:《社会资本与居民社区参与——基于深圳3个村改居社区的实证分析》,《学习与实践》,2009年第6期。

65.潘毅、卢晖临、郭于华、沈原:《我在富士康》,知识产权出版社,2012年。

66.钱前、甄峰、王波:《南京国际社区社会空间特征及其形成机制——基于对首荟园大街周边国际社区的调查》,《国际城市规划》,2013年第3期。

67.任焰、潘毅:《宿舍劳动体制:劳动控制与抗争的另类空间》,《开放时代》,2006年。

68.石彤:《社会排斥:一个研究女性劣势群体的新理论视角和分析框架》,王思斌主编《中国社会工作研究》,社会科学文献出版社,2002年第一辑。

69.史春玉:《法国城市边缘社区治理40年:经验与教训》,《中国行政管理》,2015年第5期。

70.宋磊、孟捷:《富士康现象的起源、类型与演进》,《开放时代》,2013年第4期。

71.宋全成:《从民族国家到现代移民国家——论法国的移民历史进程》,《厦门大学学报》,2006年第3期。

72.宋伟轩:《大城市保障性住房空间布局的社会问题与治理途径》,《城市发展研究》,2011年第8期。

73.孙鸿金:《近代沈阳城市发展与社会变迁(1898—1945)》,东北师范大学博士学位论文,2012年。

74.孙群郎:《美国城市郊区化研究》,商务印书馆,2005年。

75.孙施文:《现代城市规划理论》,中国建筑工业出版社,2007年,第343页。

76.塔娜、柴彦威:《过滤视角下的中国城市单位社区变化研究》,《人文地理》,2010 年第 5 期。

77.谭霞、林移刚:《优势视角下的国际社区治理路径研究——以重庆市红岩村社区为例》,《社会工作与管理》,2019 年第 1 期。

78.谭玉、蔡志琼:《外籍人员聚居区管理中的政府角色探析——以北京市望京"韩国城"为例》,《大庆社会科学》,2014 年第 3 期。

79.田慧:《非裔外来人员社会融入障碍与社工介入研究——基于广州市越秀区 DF 街道的实践》,吉林大学硕士学位论文,2015 年。

80.田莉:《"都市里的乡村"现象评析——兼论乡村—城市转型期的矛盾协调发展》,《城市规划汇刊》,1998 年第 5 期。

81.田艳珍:《广州市外籍流动人口社会管理创新机制研究》,广州大学硕士学位论文,2013 年。

82.田野、栗德祥、毕向阳:《不同阶层居民混合居住及其可行性分析》,《建筑学报》,2006 年第 4 期。

83.汪毅:《欧美邻里效应的作用机制及政策响应》,《城市问题》,2013 年第 5 期。

84.王刚、罗峰:《社区参与:社会进步和政治发展的新驱动力和生长点——以五里桥街道为案例的研究报告》,《浙江学刊》,1999 年第 2 期。

85.王鹤、董卫:《权力视角下的城市形态变迁——以沈阳为例》,《现代城市研究》,2010 年第 7 期。

86.王敬尧:《参与式治理》,中国社会科学出版社,2006 年版。

87.王茂生:《清代沈阳城市发展与空间形态研究》,华南理工大学博士学位论文,2010 年。

88.王旭:《美国城市经纬》,清华大学出版社,2008 年。

89.吴帆:《集体理性下的个体社会行为模式分析》,经济科学出版社,2007 年。

90.吴飞:《自杀作为中国问题》,生活·读书·新知三联书店,2014 年。

91.吴启焰:《大城市居住空间分异研究的理论与实践》,科学出版社,2001 年。

92.吴启焰、任东明、杨荫凯等:《城市居住空间分异的理论基础与研究层次》,《人文地理》,2000 年第 3 期。

93.吴启焰、朱喜钢:《城市空间结构研究的回顾与展望》,《地理学与国土研究》,2001 年第 2 期。

94.[美]西奥多·舒尔茨:《人力资本投资——教育和研究的作用》,蒋斌、张茜译,商务印书馆,1990 年。

95.谢岳、曹开雄:《集体行动理论化系谱:从社会运动理论到抗争政治理论》,《上海交通大学学报》(哲学社会科学版),2009 年。

96.熊威:《城市外籍人口服务与管理创新机制研究——基于广州市三区三个街道的调查报告》,《西部法学评论》,2014 年第 4 期。

97.徐琴:《制度安排与社会空间极化——现行公共住房政策透视》,《南京师范大学学报》(社会科学版),2008 年第 3 期。

98.许涛:《广州地区非洲人的社会交往关系及其行动逻辑》,《青年研究》,2009 年第 5 期。

99.闫妍、朱晓武:《英美公共住房制度对我国的启示》,《第四届中国管理学年会——城市与区域管理分会场论文集》,2009 年 11 月。

100.杨华:《"结构—价值"变动的错位互构:理解南方农村自杀潮的一个框架》,《开放时代》,2013 年第 6 期。

101.杨敏:《作为国家治理单元的社区:对城市社区建设运动过程中居民

社区参与和社区认知的个案研究》,《社会学研究》,2007 年第 4 期。

102.杨上广:《大城市社会极化的空间相应研究》,华东师范大学博士学位论文,2005 年。

103.杨上广、王春兰:《上海城市居住空间分异的社会学研究》,《社会》,2006 年第 6 期。

104.杨上广:《中国大城市社会空间的演化》,华东理工大学出版社,2006 年。

105.姚宏韬、申振:《多元文化机制影响下的近代沈阳空间结构》,中国城市规划年会论文集,2012 年。

106.殷健:《沈阳城市形态演进研究》,东北大学硕士学位论文,2008 年。

107.应星:《"气场"与群体性事件的发生机制——两个个案的比较》,《社会学研究》,2009 年第 6 期。

108.于建嵘:《从刚性稳定到韧性稳定——关于中国社会秩序的一个分析框架》,《学习与探索》,2009 年第 5 期。

109.于建嵘:《抗争性政治:中国政治社会学基本问题》,人民出版社,2010 年。

110.于静:《广州市流动人员的权益保障与管理——与国外对移民及人口迁移管理模式的比较》,《珠江论坛》,2006 年第 9 期。

111.[美]约翰·霍普·富兰克林:《美国黑人史》,张冰姿、何由、段志诚、宋以敏译,商务印书馆,1988 年。

112.[美]詹姆斯·罗伯逊:《美国神话美国现实》,贾秀东等译,中国社会科学出版社,1990 年。

113.张建军、邹莹、田冬林:《基于快速发展阶段的沈阳空间结构选择》,2009 中国城市规划年会,2009 年。

114.张京祥等:《体制转型与中国城市空间重构》,东南大学出版社,2007 年。

115.张京祥、罗震东、何健颐:《体制转型与中国城市空间重构》,东南大学出版社,2007 年。

116.张鹏:《城镇化的三个层次》,《北京日报》,2013 年 10 月 14 日。

117.张鹏:《建国以来沈阳市社会变迁对城市空间结构演变的影响研究》,东北师范大学硕士学位论文,2008 年。

118.张晓明:《混居对农民市民化的影响研究——以 D 市高新区 HK 村为例》,长春工业大学硕士学位论文,2012 年。

119.赵鼎新:《社会与政治运动讲义》(第二版),社会科学文献出版社,2012 年。

120.赵聚军、安园园:《广州非洲裔外来人员聚居区的形成与族裔居住隔离现象的萌发》,《行政论坛》,2017 年第 4 期。

121.赵聚军:《保障房应推广多元混居》,《人民日报》,2013 年 9 月 26 日。

122.赵聚军:《城镇化要力避居住隔离》,《人民日报》,2013 年 5 月。

123.赵聚军:《社会稳定的增压阀:对居住隔离现象的政治社会学解读》,《江海学刊》,2013 年第 5 期。

124.郑宇凡:《新中国沈阳城市空间结构演变 60 年研究》,辽宁大学硕士学位论文,2013 年。

125.中国人民解放军五二九七七部队理论组编著:《美国黑人解放运动简史》,人民出版社,1977 年。

126.周敏、林闽钢:《族裔资本与美国华人移民社区的转型》,《社会学研究》,2004 年第 3 期。

127.周雯婷、刘云刚、全志英:《全球化背景下在华韩国人族裔聚居区的形成与发展演变——以北京望京为例》,《地理学报》,2016 年第 4 期。

128.周雯婷、刘云刚:《上海古北地区日本人聚居区族裔经济的形成特征》,

《地理研究》,2015 年第 11 期。

129.周雪光:《中国国家治理的逻辑:一个组织学研究》,生活·读书·新知三联书店,2017 年。

130.朱光磊:《当代中国政府过程》,天津人民出版社,2002 年。

131.朱力:《中国社会风险解析——群体性事件中的社会冲突性质》,《学海》,2009 年第 1 期。

二、英文文献

1.Aharon Meirav, "The Iron Cage of Ethnicity:Ethnic Urban Enclaves and The Challenge of Urban Design", *Urban Design International*, 2013(2).

2.A.H.Maslow, "A Theory of Human Motivation", *Psychological Review*, 1943(4):370.

3.Alan Berube, *Mixed Communities in England:A US Perspective on Evidence and Policy Prospects*, York:Joseph Rowntree Foundation, 2005.

4.Alberto Alesina and Eliana La Ferrara, "Preferences for redistribution in the land of opportunities", *Ssrn Electronic Journal*, 2005(5).

5.Alejandro Portes, Min Zhou, "Gaining the Upper Hand:Economic Mobility among Immigrant and Domestic Minorities", *Ethnic and Racial Studies*, 1992(4).

6.Blake Gumprecht, "The American College Town", *Geographical Review*, 2003(1).

7.Blumer, Herbert. "Collective Behavior.", in *Principles of Sociology*, edited by A.M.Lee.NewYork:Barnes & Noble, 1969.

8.Bruce Wydick, Haemony Karp Hayes and Sarah Hillier Kempf, "Social Net works, Neighborhood Effects, and Credit Access:Evidence from Rural Guatemala",

World Development, 2011(6).

9.Carl Abbott, *Urban America in the Modern Age: 1920 to the Present*, Halan Davidson, 1987.

10.Charles Tilly, and R.A.Schweitzer, "How London and its Conflicts Changed Shape: 1758–1834", *Historical Methods*, 1982(2).

11.Charles Tilly, "Spaces of Contention", *Mobilization: An International Quarterly*, 2000(2).

12.David A. Snow, Louis A.Zurcher and Sheldon Ekland –Olson, "Social Networks and Social Movements: A Microstructural Approach to Differential Recruitment", *American Sociological Review*, 1980(5).

13.David Bell, and Mark Jayne, *City of quarters: urban villages in the contemporary city*, Aldershot and Burlington: Ashgate Publishing Ltd, 2004.

14.D.Harvey, *Social Justice and the City*, Baltimore: The Johos Hopkins University Press 1973.

15.D.McAdam, *Political Process and the Development of Black Insurgency*, *1930–1970*, University of Chicago Press, 2010.

16.Doan Nguyen, "Evidence of the impacts of urban sprawl on social capital", *Environment and Planning B–Planning & Design*, 2010(4).

17.Douglas S.Massey and Nancy A.Denton. "Hyper segregation in U.S. Metropolitan Areas: Black and Hispanic Segregation along Five Dimensions", *Demography*, Vol.26, 1989.

18.Douglas S. Massey, Naney A.Denton., *American Apartheid: segregation and the making of the Underclass*, Cambridge: Harvard University Press, 1993.

19.Ellen, I.G. and M.A.Turner, "Does neighborhood matter? Assessing recent evidence", *Housing Policy Debate* ,1997(4).

20.Faist,Thomas, *The Volume and Dynamics of International Migration and Transnational Social Space* ,Oxford:Clarendon Press,2000.

21.He Shenjing,Liu Yuting,Wu Fulong and Chris Webster, "Social groups and housing differentiation in China's urban villages:An institutional interpretation", *Housing Studies* ,2010(5).

22.Him Chung, "Building an image of Villages-in-the-City:A Clari cation of China's Distinct Urban Spaces", *International Journal of Urban and Regional Research* ,2010(2).

23.J.D McCarthy and M N Zald, "Resource Mobilization and SocialMovements:a Partial Theory", *American journal of sociology* ,1977:1212–1241.

24.Jenkins,Stephen P.,John Micklewright and Sylke V. Schnepf, "Social Segregation in Secondary Schools:How does England Compare with other Countries?", *Oxford Review of Education* ,2008(1).

25.J.Gerring, "What is a case study and what is it good for?", *American Political Science Review* ,2004(2).

26.John Iceland,and Rima Wilkes, "Does socioeconomic status matter? Race, class,and residential segregation", *Social Problems* ,2006(2).

27.John Iceland,Daniel h.Weinberg and Erika Steinmetz, *Racial and ethnic residential segregation in the United states:1920 –2000* ,Washington,DC:U.S. Census Bureau,2002.

28.John Lofland, "The Youth Ghetto:A Perspective on the 'Cities of Youth' around Our Large Universities", *The Journal of Higher Education* ,1968(3).

29.John Yinger, "Racial Prejudice and Racial Residential Segregation in an

Urban Model", *Journal of Urban Economic*, 1976(3).

30.J. R.Feagin, "Social Sources of Support for Violence and Nonviolence in a Negro Ghetto, Social Problems", 1968(4).

31.Julia Beckhusen, "Living and Working in Ethnic Enclaves: English Language Proficiency of Immigrants in USMetropolitan Areas", *Paper in Regional Science*, Vol.92, 2013.

32.Katherine J.C.White and A.M.Guest, "Community Lost or Transformed? Urbanization and Social Ties", *City & Community*, 2003(3).

33.Lance Freeman "Minority Housing Segregation: A Test of Three Perspectives", *Journal of Urban Affairs*, 2000(1).

34.Li, Land K J.O'Brien, "Villagers and popular resistance in contemporary China", *Modern China*, 1996(1).

35.Lynette H.Ong, "State-Led Urbanization in China: Skyscrapers, Land Revenue and 'Concentrated Villages'", *The China Quarterly*, 2014(March).

36.Mancur Olson, *The Logic of Collective Action: Public Goods and the Theory of Groups*, New York: Schocken, 1971.

37.Mareeand Petersen and Jeni Warburton, "Residential complexes in Queensland, Australia: a space of segregation and ageism?", *Ageing and Society*, 2012(1).

38.Maslow, AH., "A theory of human motivation", *Psychological review*, 1943(4).

39.Max Heirich, *The Spiral of Conflict: Berkeldy 1964*, New York: Columbia University Press, 1971.

40.McAdam, D., *Political process and the development of black insurgency*,

1930–1970, University of Chicago Press, 2010.

41.McCarthy, J D and M N.Zald, "Resource mobilization and social movements: A partial theory", *American journal of sociology*, 1977.

42.McDaniel, Paul N, "Ethnic Enclave or International Corridor? Immigrant Businesses in a New South City", *Southeastern Geographer*, Vol.49, 2009.

43.Micere Keels, Greg J.Duncan, Stefanie Deluca, Ruby Mendenhall, and James Rosenbaum, "Fifteen YearsLater: Can Reridential Mobility Programs Provide a Long–term Escape From Neighborhood Segregation, Crime, and Poverty?", *Demography*, 2005(1).

44.Michael J.White, "American Neighborhoods and Residential Differentiation", New York: The Russell Sage Foundation, 1987.

45.Noden, Philip "Rediscovering the Impact of Marcerization: Dimensions of Social Segregation in England's Secondary Schools, 1994–99", *British Journal of Sociology of Education*, 2000(3).

46.Olson, Mancar. *The Logic of Collective Action: Public Goods and the Theory of Groups*, New York: Schocken, 1971.

47.Park, RE, Burgess E W. *Introduction to the Science of Sociology*, Chicago: University of Chicago Press, 1921.

48.Pascal, Anthony, *The Economics of Housing Segregation*, Santa Monica: Rand corporation, 1967.

49.Pengjun Zhao, "The Impact of Urban Sprawl on Social Segergation in Beijing and A Limted Role for Spatial Planning", *Tijdschrift voor economische en sociale geogerafie*, 2013(5).

50.Prime Minister's Strategy Unit, *Improving the Prospects of People Living in Areas of Multiple Deprivation in England*, London: Prime Minister's Strategy Unit, 2005.

51.Ralph B.Taylor, "Toward an Environmental Psychology of Disorder: Delinquency, Crime, and Fear", in *Handbook of Environment Psychology*, Edited by Daniel Stokols and Irwin Altman, New York: Wiley, 1987.

52.R E Park and E W.Burgess, *Introduction to the Science of Sociology*, Chicago: University of Chicago Press, 1921: 865.

53.Reynolds Farley, "Chocolate City, Vanilla Suburbs: Will the Trend Toward Racial Separate Communities Continue?", *Social Science Research*, 1978(4).

54.Reynolds Farley, Suzanne Bianchi and Diane Colasanto, "Barriers to the Racial Integration of Neighborhoods: The Detroit Case", *Annals of the American Academy of Political and Social Science*, 1979(1).

55.Richard A.Berk, "A Gaming Approach to Crowd Behavior", *American Sociological Review*, 1974(3).

56.Robert M.Adelman, "The Roles of Race, Class, and Residential Preferences in the Neighborhood Racial Composition of Middle–Class Blacks and Whites", *Social Science Quarterly*, 2005(1).

57.Roger V.Gould, "Multiple Networks and Mobilization in the Paris Commune, 1871", *American Sociological Review*, 1991(6).

58.Roger V.Gould, "Trade Cohesion, Class Unity, and Urban Insurrection: Artisanal Activism in the Paris Commune", *American Journal of Sociology*, 1993(4).

59.Sako Musterd, "Social and Ethnic Segregation in Europe: Levels, Causes, and Effects", *Journal of Urban Affairs*, 2000(3).

60.Samantha Friedman, Hui–shien Tsao and Cheng Chen, "Housing Tenure and Residential Segregation in Metropolitan America", *Demography*, 2013(4).

61.Scott Greer, *Governing The Metropolis*, Westport Connecticut: Greenwood Press, 1995.

62.Scott, J C., "Everyday forms of resistance", *The Copenhagen Journal of Asian Studies*, 2008(1).

63.Scott, J C., *Weapons of the weak: Everyday forms of peasant resistance*, Yale university Press, 2008.

64.S.G.Tarrow and J Tollefson, "Power in Movement: Social Movements, Collective Action and Politics", *The American Political Science Review*. 1994 (3): 787-803.

65.Shihaden, Edward S., "Leveraging the Power of the Ethnic Enclave: Residential Instability and Violence in Latino Communities", *Sociological Spectrum*, Vol.30, 2010.

66.Sorensen, Andre "Land Readjustment and Metropolitan Growth: An Examination of Suburban Land Development and Urban Sprawl in the Tokyo Metropolitan Area", *Progress in Planning*, 2000(1).

67.Stephen Castles, and Mark J.Miller, *The Age of Migration: International Population Movement in the Modern World*. New York: The Guilford Press, 1998.

68.Thomas J. Phelan, Mark Schneider, "Race, Ethnicity and Class in American Suburbs", *Urban Affairs Review*, 1996(5).

69.T. R.Gurr, *Why men rebel Princeton*, NJ: Princeton University, 1970.

70.Wan, Ying Lin, Hayeon Song and Sandra Ball Rokeach, "Localizing the Global: Exploring the Transnational Ties That Bind in New Immigrant Communities", *Journal of Communication*, 2010(2).

71.W.A.V. Clark, "Residential Preferences and Neighborhood Racial Segregation:A Test of the Schelling Segregation Mode", *Demography*, 1991(1).

72.Wendy Pearlman, "Emotions and the Microfoundations of the Arab Uprisings", *Perspectives on Politics*, 2013(2).

73.Wessel, T."Social Polarization and Socioeconomic Segregation in a Welfare State:The Case of Oslo", *Urban Studies*, 2000, Vol.27.

74.William A.V.Clark, "Residential Preferences and Residential Choices in a Multi Ethnic Context", *Demography*, 1992(3).

75.Wilson, W.J., "The truly disadvantaged:the inner city, theunderclass and public policy", Chicago:University of Chicago Press, 1987.

76.W. Kornhauser, *The politics of mass society*, Glencoe, Ill:The Free Press of Glencoe, 1959.

77.Yan Song, and Yves Zenou, "Urban villages and Housing Values in China", *Regional Science and Urban Economics*, 2012(5).

中国政府与政治研究系列书目

《当代中国政府过程(第三版)》　　　　　　　　朱光磊 著

《当代中国政府间纵向关系研究》　　　　　　　张志红 著

《以社会制约权力——民主的一种解析视角》　　郭道久 著

《当代中国县政改革研究》　　　　　　　　　　暴景升 著

《中国复合型社团研究——以中国共青团的职能变迁为个案》　吕福春 著

《当代中国政府"条块关系"研究》　　　　　　　周振超 著

《中国城市管理综合执法体制研究》　　　　　　杨书文 著

《中国服务型政府:公共服务的内涵和机制研究》　孙 涛 著

《授权体制:改革开放时期政府间纵向关系研究》　薛立强 著

《中国"小组机制"研究》　　　　　　　　　　　周 望 著

《现代化进程中的阶层分化与政治整合》　　　　吴晓林 著

《中国行政区划改革研究——政府发展模式转型与研究范式转换》

　　　　　　　　　　　　　　　　　　　　　　赵聚军 著

《中国咨询机构的政府决策咨询功能研究》　　　张颖春 著

《转型期地方政府的角色定位与行为调适研究》　鲁 敏 著

《中国"政策试点"研究》　　　　　　　　　　　周 望 著

《中国"省直管县"体制改革研究》　　　　　　　王雪丽 著

《当代中国组织网络及其控制问题》　　　　　　李勇军 著

《当代中国中央与地方关系的"竞争性集权"模式》　黄相怀 著

《公共物品财政供给的制度基础》　　翟桂萍 苏杨珍 蒋 瑛 著